CALL CENTER

Dados Internacionais de Catalogação na Publicação (CIP)
(Câmara Brasileira do Livro, SP, Brasil)

Mancini, Lucas
 Call Center: estratégia para vencer / Lucas Mancini. – São Paulo : Summus, 2006.

Bibliografia.
ISBN 978-85-323-0261-8

1. Administração de empresas 2. Call Centers 3. Comunicação na empresa 4. Negócios 5. Telemarketing I. Título.

05-9657   CDD-658.84

Índice para catálogo sistemático:

1. Call Centers : Canais de marketing : Administração de empresas 658.84

Compre em lugar de fotocopiar.
Cada real que você dá por um livro recompensa seus autores
e os convida a produzir mais sobre o tema;
incentiva seus editores a encomendar, traduzir e publicar
outras obras sobre o assunto;
e paga aos livreiros por estocar e levar até você livros
para a sua informação e o seu entretenimento.
Cada real que você dá pela fotocópia não autorizada de um livro
financia o crime
e ajuda a matar a produção intelectual de seu país.

LUCAS MANCINI

CALL CENTER:
ESTRATÉGIA para VENCER

summus editorial

CALL CENTER:
Estratégia para vencer
Copyright © 2006 by Lucas Mancini
Direitos desta edição reservados por Summus Editorial

Editora executiva: **Soraia Bini Cury**
Assistente de produção: **Claudia Agnelli**
Capa: **Daniel Rampazzo / Casa de Idéias**
Projeto gráfico e diagramação: **Daniel Rampazzo / Casa de Idéias**
Fotolitos: **Casa de Tipos**
Impressão: **Sumago Gráfica Editorial Ltda.**

*N. E.: Optamos por não utilizar itálico nos termos estrangeiros
para evitar que a leitura se torne cansativa.*

Summus Editorial
Departamento editorial:
Rua Itapicuru, 613 – 7º andar
05006-000 – São Paulo – SP
Fone: (11) 3872-3322
Fax: (11) 3872-7476
http://www.summus.com.br
e-mail: summus@summus.com.br

Atendimento ao consumidor:
Summus Editorial
Fone: (11) 3865-9890

Vendas por atacado:
Fone: (11) 3873-8638
Fax: (11) 3873-7085
e-mail: vendas@summus.com.br

Impresso no Brasil

SUMÁRIO

Prefácio 7

Apresentação.. 9

1. Um breve histórico 11
2. Funções e aplicações 31
3. Decisões fundamentais 51
4. Recursos humanos 65
5. Recursos tecnológicos......................... 79
6. Telemarketing ativo-prospectivo 101
7. Telemarketing receptivo–proativo........... 111
8. Gestão de qualidade.......................... 121
9. Roteiro para o sucesso....................... 129
10. Algumas observações para a administração de um contact center 141

Para depois da leitura 143

Dicionário de ética 145

Referências bibliográficas.................... 149

PREFÁCIO

O mercado de call center no Brasil, embora recente, apresenta índices de crescimento impressionantes para uma economia tão instável quanto a nossa. A evolução do setor começou com a promulgação do Código de Defesa do Consumidor, em 1991, e o lançamento do Plano Real, em 1994. Com a privatização das telecomunicações em 1997 e a universalização do acesso, o brasileiro pôde começar a interagir e se comunicar com as empresas que prestigiava. Atualmente, com mais de 100 milhões de linhas telefônicas, entre fixas e móveis, temos orgulho de constatar o desempenho de sucesso das empresas brasileiras e seu bom nível de serviços a clientes e consumidores.

Segundo recentes pesquisas levantadas pela E-Consulting para a revista *Consumidor Moderno*, estimamos um parque de mais de 250 mil posições de atendimento, o que significa mais de 650 mil agentes empregados.

Trata-se da segunda maior base do mundo, somente atrás do colossal mercado norte-americano, agora em processo de exportação desses serviços.

Acreditamos que o Brasil tenha possibilidade de fisgar um quinhão desse mercado, posicionando-nos como protagonistas na aldeia global de serviços. Pela nossa experiência, acreditamos que este setor poderá dar uma contribuição expressiva à nossa balança comercial de serviços.

Para tanto, é preciso maior empenho de nossas lideranças empresariais na busca de seu espaço no mercado internacional, a despeito da pujança do mercado interno.

No atual estágio de profissionalismo, tão necessário para a consolidação desse segmento de mercado, são sempre louváveis iniciativas como a de nosso amigo Lucas Mancini, um de nossos mais destacados profissionais e batalhadores pela construção de um mercado regulamentado, moderno e consolidado em pilares éticos e dignificantes, com qualidade e responsabilidade para toda a comunidade.

O consumidor brasileiro agradece. Boa leitura!

ROBERTO MEIR
Criador e editor da revista Consumidor Moderno e
presidente da Associação Brasileira das Relações
Empresa–Cliente (Abrarec)

APRESENTAÇÃO

A hora da verdade

Conquistar clientes, fidelizar o público: estas são as palavras de ordem para o empresário que deseja atuar com competência em um mundo globalizado e altamente competitivo. E, embora falar seja fácil, difícil é colocar em prática ações que realmente "encantem" nosso consumidor. Não basta apenas ter um produto ou serviço com diferenciais atraentes, preço justo, boa distribuição e propaganda bem direcionada. O cliente quer mais: deseja ser tratado como um indivíduo, como alguém que possui sua própria identidade e se destaca de uma massa anônima. É neste momento que entra em ação o call center ou, em sua versão mais atualizada, o contact center. Aliando recursos tecnológicos e humanos, o call center tornou-se parte integrante das operações logísticas de empresas de sucesso. Com ele é possível atender um consumidor exigente com rapidez e baixo custo. Além disso, esta ferramenta agiliza as relações com fornecedores, distribuidores, público interno ou institucional, agregando mais valor ao que a empresa produz e oferece.

Mas como utilizar o call center para atingir as metas empresariais? Qual o momento certo para contratar uma consultoria ou um birô terceirizado neste setor? Como escolher a empresa mais adequada? Como verificar os resultados? As dúvidas são muitas e este livro apresenta alguns caminhos a seguir. As respostas fazem parte da história de algumas das mais expressivas empresas do setor no Brasil, que têm demonstrado alto nível na qualidade dos serviços apresentando soluções criativas para os desafios mercadológicos.

Esperamos que você, com este livro, possa aprofundar mais ainda seus conhecimentos e aproveitar nossa experiência para desenvolver seus negócios.

Boa leitura e sucesso!

MAURÍCIO ZANCO
Price One

CAPÍTULO 1

Um breve histórico

Neste capítulo, você acompanhará o desenvolvimento do conceito de telemarketing, desde sua origem, como ferramenta de interação entre os serviços públicos (bombeiros e policiais, por exemplo) e a sociedade, até sua configuração atual, que utiliza tecnologias de ponta e plataformas informatizadas. Durante o percurso desta evolução, as metodologias de emprego do call center sofisticaram-se, adequando-se às exigências dos diversos modelos de gestão empresarial. Depois de enfatizar o produto, a distribuição e a propaganda, o foco da gestão passou para o cliente; por isso, antecipar e ultrapassar suas expectativas é o que o call center necessita fazer.

Hoje, referir-se ao conceito de call center parece natural. No entanto, nem sempre foi assim. Este tipo de relacionamento com a sociedade origina-se de um atendimento muito específico: aquele oferecido por bombeiros, emergências e policiamento urbano. O público, quando necessário, ligava para uma central que encaminhava a solução para o problema apresentado. A Eletropaulo, por exemplo, mostra uma foto de 1954 na qual, numa mesa, dez telefones eram atendidos por homens de paletó e gravata, prestando serviços aos consumidores da então "Light". Ao identificar a emergência, levantavam-se e acionavam uma unidade móvel para se deslocar até o local e lá fazer o atendimento desejado. A operação toda levava entre trinta e sessenta minutos. Hoje, com as centrais inteligentes, em muitos casos o atendimento é seguido imediatamente de uma ação comandada em tempo real pelos Painéis de Controle Remoto.

As empresas logo perceberam que esse sistema poderia ser expandido para uma atuação de sucesso com seus clientes — e foi o que fizeram. Neste momento, milhares de pessoas ao redor do mundo estão reservando passagens, hotéis, marcando consultas, realizando levantamento de preços — para citar só alguns serviços — pelo telefone. O uso tende a crescer, com a expansão das facilidades oferecidas pela tecnologia, em especial a internet, que agiliza a transmissão de dados.

A possibilidade de identificação de cada usuário da internet trouxe para a indústria e o comércio a chance de fazer um marketing pessoa a pessoa, tratando cada cliente e cada consumidor como únicos.

VIAGEM NO TEMPO

O registro mais remoto que se tem do emprego do telefone de forma empresarial data de 1880, apenas quatro anos após sua invenção. Nesse ano, um fabricante de doces resolveu vender seu produto por telefone. Formou uma equipe com mais de cem pessoas, que passaram a cadastrar e contatar clientes. É o que se chama de televendas: o uso do telefone simplesmente para oferecer um produto ou serviço. Com métodos e técnicas ainda precários, o uso do aparelho se expandiu e passou a abranger, além de vendas, cobrança e supervisão. Após a Segunda Guerra Mundial, em 1950, inicia-se um próspero período para a mídia, com o surgimento de vários títulos e amplas tiragens.

CALL CENTER: Estratégia para vencer

Os veículos incorporam, nos anúncios, números de telefone para que os leitores solicitem produtos ou serviços e ganhem brindes: iniciam-se, assim, os procedimentos de cadastro e mailing. Com o sucesso obtido pelos setores pioneiros, a Ford resolveu arriscar e investiu na primeira campanha maciça de marketing por telefone. A empresa capacitou quinze mil donas-de-casa que, de sua residência, efetuaram vinte milhões de ligações para definir o mercado potencial de compradores de automóveis. Rapidamente a estratégia disseminou-se. Estudos realizados nos Estados Unidos na década de 1970 comprovam que praticamente 50% dos americanos que recebem contatos por telefone (seja para vendas ou pesquisa) ouvem as propostas e ofertas. Assim, chega-se à década de 1980 com o "nascimento" oficial do termo "telemarketing", que aportou no Brasil junto com a chegada das multinacionais americanas. Ele vem crescendo num ritmo espantoso no país, muito acima da média de outros setores: 22% ao ano. Em 2000, o segmento empregava, nas diversas operadoras, 300 mil pessoas, responsáveis por mais de 130 mil pontos de atendimento espalhados por todo o território nacional.

Após dezoito anos do nascimento do telemarketing, o conceito evoluiu para o modelo de call center, integrando a informática. Enquanto o telemarketing, conforme definição de Stone Wyman, aplica a tecnologia para otimizar o mix das comunicações de marketing de empresa para atingir o cliente, o call center apresenta uma missão mais ampla. Ele não só atende às demandas do público-alvo como também oferece benefícios adicionais, impulsiona novas vendas, antecipa necessidades e mantém a marca da empresa, produto ou serviço sempre viva na mente do consumidor. O conceito mais recente é o de contact center, que centraliza, independentemente do meio utilizado (telefone, correio, informática etc.), o gerenciamento de todas as relações da empresa com a sociedade onde atua. Existe sinergia total entre marketing, produção, serviços, administração, logística e outros papéis assumidos pela companhia no desempenho de suas funções.

AS VÁRIAS ERAS

O emprego do telefone integrado aos objetivos da empresa atravessou diversos estágios, que correspondem ao aumento da sofisticação dos modelos mercadológicos, ao incremento da competitividade, da globalização, e à busca de uma gestão de qualidade. No início, empregava-se a telefonia de forma assistemática, principalmente para apoiar vendas e cobrança. Aos poucos, o uso desta ferramenta tão importante passa a incorporar técnicas específicas de abordagem, permitindo ampliar sua área de atuação. Surgem verdadeiras centrais para vendas a distância, cobrindo grandes áreas geográficas com rapidez, eficiência e baixo custo. Depois, o sistema passou a ser gerenciado para atender clientes: companhias de aviação e empresas de comunicação estão entre as primeiras a implantar centrais com esse objetivo. A demanda não parou de crescer. Milhares e milhares de chamadas disparadas continuamente em busca de informações, pedidos ou para oferecer sugestões passaram a fazer parte do cotidiano das empresas, exigindo uma tecnologia avançada para o seu gerenciamento. E esta tecnologia surgiu, com a evolução dos hardwares e softwares, agora integrados à telefonia, dando início à era do consumidor.

O consumidor é o rei

Se antes as empresas desenvolviam produtos e serviços para colocar no mercado e só depois buscavam um público consumidor para tais lançamentos, a realidade atual é muito diferente. Os custos dessas estratégias baseadas em tentativa e erro tornaram-se proibitivos. Fracassos podem ser fatais às organizações num mundo de competitividade acirrada. Afinal, atender às expectativas do mercado, antecipar-se às suas exigências, incorporando um valor, um ganho de fato à imagem de marca é o que todo empresário busca. Mas como atingir tais metas? Usando as tecnologias da comunicação, claro. Hoje, com o telemarketing, com o call ou contact center, é possível traçar o perfil de cada consumidor de forma quase individual. Conhecer de perto o público não é mais um sonho impossível, a ser obtido por amostragens, muitas vezes com larga margem de erro. É uma realidade – e o consumidor sabe disso. Afinal, ele tornou-se exigente, já não aceita, passivamente, as imposições das indústrias ou dos fornecedores de serviços. Este papel só cabia em uma economia inflacionária, de escassez, onde os ganhos especulativos permitiam que os administradores ignorassem as demandas do público. Em uma economia estável, tal postura não é mais possível. O consumidor, sabedor de seus direitos, exige atendimento de qualidade, produtos e serviços com garantia, preços justos e diferenciais competitivos. Assim, o papel do consumidor de apenas consumir, como se pensava, desapareceu. O empreendedor necessita mais do que informações que aumentem as chances de um produto ou serviço "dar certo". Media-se o "dar certo" pelo índice de recompra, e era a empresa que decidia se ouvia, ou não, os consumidores. Com a revolução nas comunicações, no entanto, o consumidor tem acesso mais rápido a toda uma gama de opções e, além disso, pode penetrar "dentro" das organizações e interferir em seus processos decisórios. Ou seja: é necessário que as empresas estejam preparadas para receber bem o consumidor, ouvindo-o com atenção, pois ele possui poder político ativo e pode interferir muito mais do que há cinqüenta anos na vida de uma organização e no valor da marca. Deste modo, o desenvolvimento acelerado dos processos de atendimento ao consumidor responde à crescente exigência das empresas de cativar o público. Preservar é muito mais econômico do que conquistar novos clientes. Uma pesquisa americana mostra que mais de 50% dos clientes insatisfeitos não reclamam: simplesmente tomam a decisão de trocar de marca. Para não fazer parte desta triste estatística, adota-se o CRM – Customer Relationship Management (Gestão de Relacionamento com Clientes).

A era do CRM

Velocidade, qualidade das informações e eficiência tentam produzir satisfação. Essa é a meta de um mercado em que o diferencial está cada vez mais centrado no "modo de fazer" e não exatamente naquilo que se faz – e é o que o CRM permite alcançar. Esse conceito prevê a integração de todas as áreas de uma empresa, em particular o call center e as bases de dados corporativos, para administrar os contatos com o público-alvo de modo que o mantenha fiel, tornando as operações mais lucrativas. A aplicação do CRM normalmente está ligada à implementação dos hábitos de compra pelo histórico de cada cliente individual. Assim, a empresa projeta o futuro potencial de cada usuário, até mesmo para a aquisição de outros produtos oferecidos pela organização e seus eventuais parceiros. Com o CRM é possível atender a cada um de forma personalizada, individual (one-to-one), pois a empresa conhece o perfil e a personalidade de cada pessoa que compõe sua carteira de clientes. O CRM provocou o surgimento de novos paradigmas para orientar as estratégias mercadológicas. Como o cliente está "dentro" das empresas, "dentro" dos governos, acessando sites ou obtendo informações em tempo real fornecidas pela mídia, ele fica mais atento a outras questões, que extrapolam aquelas específicas de produtos e serviços. Deseja saber qual a postura das instituições em relação a problemas que envolvem qualidade de vida, assistência aos funcionários e colaboradores, preocupação com o meio ambiente, ações politicamente corretas (como inclusão de portadores de necessidades especiais e outras medidas afirmativas), para citar somente algumas posturas que envolvem ideologia e cidadania. Assim, as diretivas de marketing sofrem uma pressão para se ajustar a tais exigências deste consumidor que se insubordinou diante da ditadura antes existente das vontades e interesses de empresas e governos. Essa transformação consolidou-se com o surgimento do Código de Defesa do Consumidor e as Delegacias de Defesa do Consumidor, que impuseram uma nova relação entre empresas, instituições e clientes. As leis normatizaram o mercado, tornando mais transparentes tais relações e definindo, de forma clara e inequívoca, direitos e deveres de todas as partes. As empresas não podem mais eximir-se de suas responsabilidades: precisam prestar contas daquilo que prometem e oferecem — e esse processo é irreversível. Neste contexto, as Centrais de Atendimento desempenham um papel importante, pois reduzem eventuais atritos e colocam empresas e clientes não em campos antagônicos, como inimigos, mas sim como parceiros em busca do aprimoramento de produtos e serviços. O novo paradigma que orienta as empresas, portanto, é a busca de melhores produtos e serviços, que superem a concorrência e provoquem a fidelização da clientela à marca ou ao ponto-de-venda. É a esse paradigma que o call center atende, como ferramenta para promover maior interação entre empresas, instituições, clientes, governo e sociedade como um todo. O grande objetivo é aprimorar os relacionamentos humanos, o que é viável com a implementação de bancos de dados complexos e meios como a internet, que permitem o trânsito imediato de informações. Neste novo paradigma, o call ou contact center acaba por abrir novos segmentos de atuação profissional: a equipe que o compõe é complexa e altamente especializada.

CALL CENTER: Estratégia para vencer

As vantagens de empregar este novo enfoque, que busca uma parceria entre empresa e público, são inúmeras. A presença do telemarketing, do call e do contact center se faz sentir em todas as etapas do marketing, do desenvolvimento de produtos e serviços, até o pós-vendas, sempre com efeitos positivos. Tanto a empresa quanto o cliente se beneficiam de forma concreta quando essa abordagem, que incorpora uma tecnologia avançada, é implementada. Ao implantar um eficiente sistema de telemarketing ou um modelo atualizado de call center, a empresa obtém alguns benefícios bem palpáveis. O cliente, sem dúvida alguma, também ganha com essa abordagem que incorpora tecnologias avançadas e domínio cada vez maior dos processos.

BENEFÍCIOS PARA A EMPRESA

Melhoria das relações com o público

A empresa ganha em agilidade e interatividade. Rapidamente detecta questões, objeções, anseios, dificuldades e dúvidas do cliente em relação ao que oferece, seja um produto ou serviço. Pode monitorar, também, de forma eficiente, questões sobre entrega, assistência técnica, cobrança e outros, além de verificar a possibilidade de agregar novas ofertas para um público que já conhece. Corrigir problemas e superar barreiras torna-se um procedimento menos oneroso e mais fácil.

Mais flexibilidade

Algumas estratégias de marketing envolvem procedimentos complexos e lentos. Após implementada no mercado, qualquer mudança é um verdadeiro transtorno, exigindo investimentos às vezes vultosos que demandam muito tempo. Isso já não ocorre com as estratégias que envolvem o telemarketing, o call ou contact center. Adaptar o roteiro é procedimento simples; redimensionar uma base de dados ou formatar uma nova estratégia para atender a uma demanda específica ou momentânea do mercado exige apenas boa equipe, profissionais competentes e ágeis. Novas áreas geográficas, outros segmentos de público (faixas etárias, classe social, sexo etc.) podem ser aten-

Um breve histórico

didos sempre que for preciso. Também é possível operar simultaneamente em várias ações, oferecendo, em uma só operação, produtos ou serviços adicionais, que ampliam a possibilidade de negócios com o cliente (crosseling e outseling).

Maior controle em operações críticas

Cada etapa dos procedimentos para executar a estratégia traçada pode ser monitorada passo a passo, e as observações, consolidadas em um relatório de resultados. Esse relatório permite analisar aspectos críticos e redirecionar as ações, seja da própria operação de telemarketing ou call center, seja daquilo que a empresa oferece. Assim, é possível visualizar rápida e claramente as principais queixas sobre determinado produto ou serviço, como andam os prazos de entrega e qual a curva de serviços ou produtos em relação às não-conformidades detectadas. Linhas com produtos fora do padrão podem, rapidamente, sofrer a intervenção de um técnico para se ajustar aos padrões de qualidade exigidos pela empresa. Além disso, quanto ao próprio serviço de atendimento a distância, é possível obter, pelos relatórios, resultados relativos à produtividade dos atendentes, sua forma de relacionar-se com o cliente, exatidão das informações que oferecem, como conseguem agir em situações críticas e outros elementos.

Melhor relação custo x benefício

Uma estratégia de telemarketing ou uma operação de call center bem estruturada traz resultados melhores (muitas vezes imediatos!), com custos operacionais menores do que aqueles obtidos por outros meios. A revista americana *Time* detectou, por pesquisa, que de cada 29 assinaturas 28 eram obtidas com abordagem pelo telemarketing. Somente uma (sim, somente uma) resultava da tentativa de venda porta a porta. É importante lembrar que o contato face a face demanda mais tempo – incluindo o de locomoção. Assim, ao atender um maior número de clientes no mesmo período de cobertura, o telemarketing contribui de forma efetiva para a redução de custos internos e, conseqüentemente, para a maximização dos lucros. Algumas vezes,

CALL CENTER: Estratégia para vencer

dependendo do tipo de produto ou serviço e da região, é possível atender trinta vezes mais clientes no mesmo tempo utilizado com outras técnicas de abordagem. Uma central minimamente dimensionada pode realizar setenta contatos diários, número impossível para um vendedor de campo.

Ampla cobertura

Clientes que de outra forma seriam inacessíveis (seja pela distância geográfica, seja porque existem barreiras sociais – porteiros eletrônicos, seguranças etc.) podem ser contatados e mobilizados para que as metas propostas sejam alcançadas.

Maior direcionamento

Um banco de dados completo, com perfil minucioso do cliente, facilita à empresa relacionar-se com públicos específicos e segmentados. Todas as ações podem se concentrar – tanto com respeito à mensagem, à oferta, quanto à verba investida – em um alvo muito bem definido e delineado, o que evita a dispersão de energia (e possibilita a redução de lucros, claro!), promovendo um alocamento correto da estratégia.

Personalização

Bons scripts e softwares adequados permitem um atendimento altamente personalizado e, também, a configuração de produtos e serviços específicos, conforme a necessidade de cada cliente em particular, contribuindo para fidelizá-lo. O contato é pessoal e interativo, o que possibilita focar as ações em cada cliente individualmente.

Rapidez

Com sistemas integrados, é possível adotar procedimentos de just-in-time eficientes, que reduzem a necessidade de manutenção de grandes estoques de segurança.

Um breve histórico

BENEFÍCIOS PARA O CLIENTE

Comodidade

Rapidez, facilidade, nenhum gasto: esses são apenas alguns dos aspectos que a expressão "comodidade" sintetiza e que o cliente passa a obter quando a empresa começa a trabalhar com o conceito de call center. Não importa onde o cliente está: basta entrar em contato com a empresa — por telefone, e-mail, fax, carta ou outra tecnologia que surja — para realizar seu pedido, solicitar um produto ou serviço, fechar um negócio. Dúvidas, sugestões e reclamações passam a fazer parte de um histórico da empresa, compartilhado por toda a equipe, que enriquecerá sua cultura e contribuirá para seu crescimento. O cliente, além disso, poderá obter respostas em tempo real, sentindo-se como realmente deve se sentir: um cidadão respeitado e de valor inestimável para a empresa com que negocia.

Liberdade

Nem todo consumidor sente-se seguro ou auto-suficiente para tomar decisões sob a pressão e a "sombra" (muitas vezes intimidadora) de um vendedor que deseja garantir suas comissões... A distância, o cliente resolve com calma e tranqüilidade, e o índice de frustração e arrependimento posterior tende a cair, principalmente se houver garantias de devolução ou reembolso. Assim, é mais fácil fidelizar pessoas tímidas.

Economia

É possível colocar no mercado produtos e serviços com preços mais competitivos, pois vendas efetuadas a distância e com assistência técnica também realizada por tutoria (a distância) reduzem os custos e essa margem pode ser repassada para o cliente. É um diferencial a mais, com valor agregado, que pode ser ofertado ao cliente para seduzi-lo.

Rapidez

O modelo just-in-time, que inverteu os tradicionais procedimentos de produção, partindo do pedido do cliente para trás, ou seja, da solicitação para a fabricação, encontrou, no call center, seu estado de arte. Com ele, é possível integrar com mais eficiência sistemas e tecnologias, conectando os processos de pedido, produção, entrega e cobrança. O cliente é rapidamente atendido (conforme seu desejo), com as especificações que solicita, e se reduzem todos os custos (principalmente de estoques). Tal economia também pode ser transferida para redução nos preços cobrados em produtos ou serviços, conquistando novos nichos de mercado.

OS PROFISSIONAIS DA ÁREA

Os benefícios serão mais palpáveis se a empresa contar com os profissionais certos, na hora exata. O time ideal é composto por múltiplas funções. Nem sempre todos os cargos aqui descritos estarão presentes na organização. Alguns poderão ser desnecessários; outros, exercidos pelo mesmo funcionário, que acumula mais de um papel, executando-o conforme a ocorrência do momento. É possível, até mesmo, terceirizar alguns setores. Enfim, somente uma análise caso a caso poderá determinar o que é imprescindível e o que é supérfluo, considerando a melhor relação custo x benefício. No momento de definir papéis e distribuir funções para arquitetar a melhor solução para sua empresa, ouvir um bom consultor pode ser a solução mais apropriada.

Atendente

É um dos cargos mais conhecidos. Engloba todo o pessoal que está na linha de frente, operando em contato direto com o público. É a pessoa responsável por receber ou disparar chamadas telefônicas, e-mails, fax etc. Justamente por estar em contato direto com o público, é uma posição sujeita a constante pressão, pois esse funcionário deve atender clientes dos mais diversos tipos e personalidades, em situações muitas vezes desfavoráveis, tais como ouvir clientes irritados, nervosos, mal-humorados, agressivos etc. Por isso, necessita contar com o suporte de um psicólogo para contornar tais eventualidades. Além disso, deve possuir habilidades e técnicas de comunicação, psicologia do consumidor, impostação vocal, boa dicção, interpretação de textos, vocabulário amplo, boa audição etc. Por ser o porta-voz da empresa, necessita dominar sua cultura, serviços, procedimentos, produtos, filosofia e missão.

Psicólogo

É o profissional responsável por reduzir a tensão e o estresse, sempre constantes, existentes no ambiente de trabalho de um call ou contact center. Cabe a ele motivar a equipe, não deixar que a rotina se instaure, promovendo melhor ergonomia no local de relações profissionais, para que uma boa qualidade de trabalho reflita-se positivamente no desempenho de todos. Assim, a imagem da empresa sairá fortalecida perante o público.

Roteirista

É o responsável por criar o "script" que será seguido pelos atendentes. Precisa dominar as técnicas de roteirização, ser criativo e conhecer profundamente tanto a mensagem que a empresa deseja transmitir quanto a linguagem que o público-alvo utiliza. Cabe a ele, por exemplo, transformar termos técnicos em palavras que um leigo entenda. O roteirista também necessita possuir grande capacidade de síntese, para elaborar roteiros curtos, que não sejam cansativos. Ele simula os cenários que podem ocorrer, prevê as reações do interlocutor, antecipa-se a eventuais objeções e busca, de antemão, contorná-las. O roteiro, no entanto, não é uma camisa-de-força: precisa apresentar flexibilidade suficiente para se ajustar a diversas ocorrências, mesmo as imprevistas. Ou seja: não pode fechar portas, mas deve, ao contrário, abri-las para que os objetivos sejam alcançados — seja de vendas, pesquisa, fidelização ou outros.

Técnico de data base

Data base é como se chama o banco de dados que alimenta o sistema de telemarketing e de call center. Ele contém os números de telefones ou endereços eletrônicos que serão contatados pelo atendente e também o perfil do usuário. São dados que podem ser recuperados caso o cliente efetue a chamada. Assim como o mailing para cartas enviadas pelo correio, também neste caso o banco de dados necessita de constante atualização para evitar chamadas perdidas. Quanto mais detalhado e completo, mais fácil será atingir o alvo com menos desperdício de munição.

Analista de suporte, sistema e tráfego

Todo este sistema gera um fluxo imenso de tráfego de mensagens, sejam elas recebidas ou emitidas. A tecnologia para atender a tais necessidades é bem complexa e sofisticada, com novos equipamentos que surgem rapidamente, tornando os outros obsoletos. É quase impossível a toda equipe de trabalho manter-se constantemente atualizada e dominar tais tecnologias e linguagens específicas. Cabe ao analista de suporte, sistema e tráfego desempenhar esta função, gerenciando as operações, superando eventuais problemas e apontando as soluções e alternativas para crises e emergências. É ele, também, que "traduz" para seus colegas as denominações técnicas em uma linguagem que **todos** entendam.

Controller

Como qualquer operação ou procedimento empresarial, também aqueles realizados pelo telemarketing, pelo call ou contact center necessitam de monitoramento. É assim que as tarefas executadas são aprimoradas e os erros minimizados, atingindo-se uma gestão de qualidade. Cabe ao controller monitorar resultados, apontar erros e acertos para a equipe. Tudo isso é efetuado com pesquisas, auditorias e relatórios de procedimentos em várias instâncias, pois são inúmeros os fatores a controlar: qualidade do roteiro, adequação do data base, profissionalismo no atendimento, índices de retorno, espera, fechamento de negócios, número e tipo de reclamações etc.

Um breve histórico

Assessor de logística

Todos os departamentos e profissionais necessitam atuar de forma integrada e afinada, como uma grande orquestra bem dirigida. Assim, evitam-se procedimentos conflitantes. O assessor de logística é esse "maestro" que, para exercer bem suas funções, deve dominar vários instrumentos: marketing, produção, estoque, transporte, custos, tecnologia etc.

Gerente de projetos

Embora seja importante que cada funcionário tenha uma visão global da empresa, cabe ao gerente de projetos dominar esta leitura macroeconômica. Ou seja, é a ele que compete conhecer em profundidade todos os elementos do marketing mix: concorrência, prospects (clientes potenciais), clientes atuais, políticas econômicas, tendências tecnológicas, aspectos culturais, variáveis relacionadas à sazonalidade e assim por diante, além dos aspectos específicos de telemarketing, call e contact center em sua diversidade de atuações. Ciente desses elementos, define estratégias para manter ou ampliar o marketing share, adequando elementos do micromarketing, tais como variáveis de preço e características do produto ou serviço oferecido. É este panorama que fornece os subsídios para se desenvolver roteiros e scripts, orientando a atuação dos atendentes e enfatizando os aspectos que o controller deve considerar.

Facilitador

Em uma equipe envolvendo múltiplas funções e o contato com um público diversificado, sob a pressão de uma concorrência acirrada, os choques são inevitáveis. O constante surgimento de novas tecnologias também gera um clima de instabilidade, pois exige dos funcionários permanente reciclagem de seus conhecimentos. O facilitador tem a difícil tarefa de manter o quadro de funcionários com o moral elevado e estimulá-lo a uma atualização continuada. É o facilitador que, atento aos sinais, antecipa atritos futuros e detecta ruídos existentes na comunicação — seja entre os elementos da pró-

CALL CENTER: Estratégia para vencer

pria equipe, seja nas relações com os clientes. Dominando as mais modernas abordagens de múltiplas inteligências e relacionamentos interpessoais, bem como de neurolingüística, o facilitador permite que os procedimentos da equipe fluam de forma harmônica, normatizando as estruturas de trabalho e implantando uma gestão de qualidade, entre outras ações que eventualmente se façam necessárias.

Alguns desses profissionais são essenciais, por mais simples que seja a operação de telemarketing. Outros só se farão necessários em projetos de maior vulto. Seja qual for o caso, os benefícios do call center ou do contact center, quando bem implementados, são inegáveis.

Teoria & Prática

Excesso de tecnologia

A busca de um bom relacionamento com o cliente começa quando surgem as atividades comerciais, e sempre coube ao vendedor – esta tão controvertida figura – buscar um contato positivo com aquele que, antigamente, era chamado de "freguês". Seu papel é duplo: leva ao público informações sobre o produto, o serviço, a empresa, buscando convencê-lo de que aquilo que oferece é o melhor e o mais adequado. Ao mesmo tempo, traz, do mercado, informações preciosas para a empresa: o que a concorrência está fazendo, as dificuldades que encontra, o que o público-alvo deseja ou procura. Era assim que agia um mercador na Antigüidade, é assim que age, hoje, um operador de telemarketing ou call center. Naqueles tempos, quando o mercador desembarcava em uma ilhota grega para ofertar seu azeite, buscava, primeiramente, conquistar seu espaço no mercado. Oferecia festas e banquetes, perguntava sobre o casamento de um, o nascimento do filho de outro. Assim, fidelizava sua clientela e sabia de tudo que estava acontecendo. Com essa "pesquisa", podia projetar suas vendas, preparar-se para o futuro. Este papel continuou a ser desempenhado pelos caixeiros-viajantes, que corriam por regiões inóspitas, cidades distantes, levando não só produtos e novidades, mas também notícias e mensagens. As relações entre quem vendia e quem comprava eram duradouras e transformavam-se em boas amizades. Mas o mercado cresceu, o volume de negócios multiplicou-se e grande parte desses relacionamentos humanos acabou se perdendo com os sistemas "self-services", atendimentos massivos e outras técnicas de vendas, em que o comprador tornou-se figura anônima, quase supérflua. É claro que tanto empresa quanto consumidores ressentiram-se desse fato. Assim, surge novamente a tecnologia, para retomar processos de atendimento individualizados e personalizados, quase perdidos e esquecidos no tempo. Hoje, já é possível ouvir e falar com todos os clientes, a qualquer momento, sabendo nome, data de aniversário, preferências pessoais, histórico do relacionamento com a empresa e muito mais. Esta é a função que cabe ao call e ao contact center, e que eles estão desempenhando com grande eficiência. É claro que só tecnologia não basta... Ela necessita ser bem utilizada e aplicada. Você, com certeza, já passou por momentos de grande irritação ao tentar contatar alguma empresa ou órgão governamental, caindo nas garras das gravações eletrônicas... Após ouvir infindáveis mensagens e músicas que se repetem, já cansado e nervoso, percebe que não consegue a informação desejada ou, simplesmente, ser atendido! A culpa, é claro, não é da máquina, que não possui alma ou autonomia para resolver tais questões, mas sim das deficiências de estruturação e dimensionamento do sistema, bem como de falhas na capacitação do pessoal ou programação do script. A história a seguir, relatada por Tony Schwartz, publicitário americano e profissional de comunicação, exemplifica bem tal situação. Um dia, em pleno inverno na cidade de Nova York, Tony decidiu levar seu filho para assistir ao show de laser programado no Museu de História Natural da cidade. Como o tempo estivesse muito ruim, resolveu confirmar se o show ocorreria ou não. Telefonou para o museu. E o que ouviu? Uma gravação que dava todos os detalhes do show e terminava fornecendo vários outros números para contato: um para comprar ingressos, outro para reservas para grupos com descontos especiais etc. Nenhum, no entanto, para simplesmente dizer se haveria ou não o show... O publicitário ligou, então, para um segundo número do museu. Foi atendido por outra gravação, dando mais algumas opções de números, entre os quais, é claro, o primeiro para o qual o agora infeliz publicitário já havia ligado! Mas Tony foi persistente. Discou para um terceiro número. Atendeu a voz (gravada) de uma mulher, com muitas informações sobre como chegar até o museu, horários de visitação, como adquirir ingressos, mais um número para reservas, outro ainda para o planetário e, finalmente, o número do show de laser. Obediente, Tony ligou para este número. Uma telefonista atendeu e, antes que Tony pudesse explicar exatamente o que desejava, ela o transferiu para outra gravação, que mecanicamente informou que o número tinha mudado. O novo número era, obviamente, o primeiro para o qual ele havia ligado! Mas a história não acaba por aqui. Tony insistiu e acabou descobrindo um número para o qual ainda não discara. Ouviu uma voz humana, em carne e osso. A conversa foi rápida:

Voz: Alô!

Um breve histórico

Tony: Alô. Haverá show de laser esta noite?
Voz: Sim.
Tony: Obrigado.

Tempo de duração da conversa: seis segundos. Só que, antes, ele perdeu mais de dez minutos – e toda a sua paciência! Por isso, atenção ao adotar novas tecnologias para atender aos clientes. Testar muito bem roteiros, scripts e monitorar sempre o que acontece é fundamental.

(adaptado de *Mídia: o segundo Deus*, de Tony Schwartz, Summus, 1985)

Excessos na aplicação dos recursos

Outro exemplo da infeliz maneira de utilizar uma Central de Atendimento para criar mal-estar para o consumidor é o de uma bandeira de Cartão de Crédito que praticava um script kafkiano.

Um portador do cartão resolveu fazer uma reclamação, pois era a terceira vez que sua fatura aparecia com o mesmo tipo de erro, apesar de já ter escrito uma carta para a administradora. Ligou para um número 0800 e narrou o acontecido desde o princípio para uma agente muito atenciosa. Ao final da conversa a agente informou que a sua reclamação estava registrada e que, se a próxima fatura aparecesse com o mesmo erro, ele deveria voltar a ligar e dar um número-chave. O cliente ficou perplexo, pois esperava que sua reclamação fizesse cessar o erro. Resolveu então cancelar a assinatura daquele cartão. Foi informado de que cancelamento não era com aquela agente e que ela iria transferir a ligação. O cliente aguardou na linha ao som de uma daquelas musiquinhas irritantes, surrupiada de algum compositor antigo que não só não pode receber mais os direitos autorais como também não pode reclamar da perversão da sua obra. Após alguns minutos de espera a agente voltou na linha e disse que tinha tentado transferir sem sucesso e que ele deveria tentar novamente em outro horário. O cliente pediu então o número para ligar diretamente para o setor de cancelamento. Foi informado de que não havia um número para isso. Que ele deveria ligar naquele mesmo 0800, registrar uma reclamação e solicitar a transferência para o cancelamento. O cliente, não entendendo a situação, pediu então a ela que tentasse outra vez a transferência e ouviu que infelizmente a empresa só permitia uma tentativa de transferência por cliente. Ele deveria ligar novamente e repetir todo o procedimento.

CALL CENTER: Estratégia para vencer

O cliente tomou o caminho mais curto. Apanhou uma tesoura, picou seu cartão, colocou-o num envelope e encaminhou-o para a administradora.

Conceitos importantes

Televendas

Engloba os procedimentos mais simples que envolvem o telefone e a apresentação de um produto ou serviço para o cliente em potencial, visando efetivar a venda. Foi a primeira função incorporada à tecnologia do telefone, logo após sua invenção. A disseminação deste conceito (ainda em prática em muitos lugares) foi rápida, pois oferece inúmeras vantagens: um vendedor, telefonando, atende mais clientes, em vários lugares, em menos tempo e com menores custos.

Telemarketing

No telemarketing o telefone deixa de ser apenas um meio simples e barato para efetivar vendas e passa a ser manuseado como uma ferramenta do marketing mix. Ele continua oferecendo os mesmos benefícios das televendas, mas agrega outras funções: detectar necessidades, monitorar o mercado, interagir com o cliente, realizar pós-venda, pesquisas, propaganda etc. Ou seja: é um instrumento de "inteligência e informação" voltado para atender às demandas, cada vez maiores, do público.

Call center

Quando a empresa ultrapassa o estágio do marketing tradicional, ela aterrissa no território das tecnologias com foco no cliente. O call center, portanto, já é um conceito ampliado do telemarketing, pois sua estrutura faz parte da (e confunde-se com a) própria missão da empresa. O call center surge no momento em que a organização sente necessidade não só de atender às demandas do mercado, mas também de antecipar-se a elas, ultrapassando as expectativas do cliente. Ele deixa de ser apenas uma resposta (ações reativas) ao que a fatia de mercado

Um breve histórico

onde atua exige e passa a oferecer vantagens adicionais, buscando a plena satisfação da clientela e uma proximidade permanente com ela. Em um call center típico, um conjunto de pessoas (agentes) atende às chamadas de clientes, relacionadas aos diversos serviços que podem ser oferecidos, tais como:

- suporte técnico;
- vendas de produtos;
- sugestões;
- solicitação de informações;
- reclamações etc.

Os agentes também podem ligar para os clientes para vender produtos, efetuar cobranças, resgatar mensalidades etc. No primeiro caso, os call centers são chamados de receptivos; no segundo caso, ativos. Call centers em que agentes atuam tanto em operações receptivas quanto em operações ativas são denominados blended (mistos). Em qualquer caso, é importante haver uma supervisão da eficiência (quantidade de chamadas atendidas, rapidez de atendimento, baixa desistência de clientes em fila) e eficácia (quantidade de vendas fechadas ou problemas resolvidos). Supervisores e gerentes do call center controlam o andamento dos serviços.

Contact center

Este é o conceito mais recente de relacionamento com o cliente. Neste modelo, todas as relações da empresa com o mundo externo, não importando a mídia, o veículo utilizado (telefone, correio, computador etc.), são administradas e geridas por um único pólo. Tudo e todos, na empresa, trabalham para que ela ocupe um lugar de sucesso e destaque no mercado.

CAPÍTULO 2

Funções e aplicações

Neste capítulo serão abordadas as funções que o call center pode exercer, os critérios para classificá-lo, suas especificidades e principais áreas de aplicação. Entre os segmentos atendidos encontram-se tanto o setor público quanto o privado, industrial, comercial, terceiro setor, vendas, pesquisa, assistência técnica e muito mais. Algumas aplicações ganham destaque e serão discutidas detalhadamente, tais como o help desk, serviços 0800 e ações de pós-venda.

O telemarketing, o call e o contact center podem estar presentes nos mais diversos segmentos econômicos, utilizados para atingir fins tão diferentes quanto os de realizar uma prospecção de mercado ou conferir a entrega de uma mercadoria. Assim, é possível utilizar vários critérios para classificação, tais como: setor econômico atendido; ponto de origem do contato; serviços oferecidos; constituição da empresa (porte, tipo); sistema adotado etc.

QUANTO AO SETOR ECONÔMICO

Uma central de atendimento é útil tanto para empresas do setor privado quanto do setor público; tanto na indústria quanto no comércio. Por exemplo: sempre que se liga para solicitar uma informação relacionada com água, luz, ou para comunicar alguma emergência policial ou médica, utiliza-se a tecnologia aplicada de um call ou contact center. Eis alguns exemplos de órgãos que já se beneficiam desse sistema:

- Correios e Telégrafos;
- Banco Central;
- Policiamento;
- Abastecimento de Água;
- Fornecimento de Energia;
- Departamento de Estradas de Rodagem;
- Controle de Aeroportos;
- Postos de Saúde.

No setor privado, é muito comum o uso das centrais de atendimento para criar diferenciais e solidificar a imagem da empresa. Também aqui, a cada vez que se liga para uma central de atendimento, seja para solicitar uma informação seja para fazer uma reclamação, aciona-se toda a tecnologia disponível nestes sistemas que integram telefonia e informática. Eis alguns exemplos de aplicações diretamente relacionadas com o setor privado:

- fornecer informações;
- dar suporte técnico;
- receber sugestões e reclamações;
- fidelizar o cliente.

CALL CENTER: Estratégia para vencer

QUANTO AO PONTO DE ORIGEM

Não importa o setor econômico de atuação: as operações realizadas podem ser disparadas a partir da própria empresa ou departamento (ou seja: é ela que busca o contato com o cliente), ou, então, a iniciativa pelo contato parte do cliente, do público que procura a empresa, órgão ou instituição. No primeiro caso, o processo é chamado de telemarketing ativo. No segundo, receptivo.

Telemarketing ativo

É uma ferramenta muito utilizada nos processos de comercialização e campanhas promocionais. Ele apresenta inúmeras aplicações nos dias de hoje. Se você já recebeu um telefonema perguntando sua opinião sobre algum assunto, ou oferecendo algum produto ou serviço, saiba que esteve em contato direto com o telemarketing ativo. Ele é geralmente empregado em:

- pesquisas;
- ações de pós-vendas;
- retorno de ligações;
- processamento de pedidos;
- atendimento ao consumidor;
- promoções;
- vendas;
- resposta para reclamações;
- informações diversas;
- pré-agendamento de compromissos;
- manutenção e atualização de mailing lists;
- cadastramento de novos clientes.

Para otimizar os procedimentos, empregam-se vários recursos, tais como:

- ordenamento de processos;
- qualificação do mailing;
- integração dos sistemas;
- desenvolvimento de aplicativos, como a discagem preditiva;

Funções e aplicações

- telas de atendimento (front end) amigáveis;
- gestão por resultados.

Telemarketing receptivo

Sempre que se telefona em busca de uma informação (inclusive para descobrir um telefone, por exemplo) e contata-se um órgão para efetivar algum serviço (transmitir um telegrama, entre outras inúmeras ações), comprar ou encomendar um produto (pode ser uma simples pizza!), realizar uma reclamação, dar uma sugestão, aciona-se o que, atualmente, chama-se telemarketing receptivo. É claro que tudo isso não necessita ser realizado somente por telefone: é possível enviar um e-mail, um fax, até mesmo uma carta. O fator que define a situação é que a iniciativa do contato partiu do público, do cliente. Entre os casos mais comuns de telemarketing receptivo, encontram-se:

- todos os realizados pelas linhas 0800;
- todos os realizados pelas linhas 4001 e 4002;
- processamento de pedido;
- delivery;
- solicitação de informações diversas;
- reclamações;
- complementação de pedidos;
- acompanhamento de entregas;
- help desk;
- serviços especiais;
- pós-venda;
- promoções one-to-one;
- alterações de cadastro;
- sugestões;
- agendamentos.

Para estruturar um bom atendimento receptivo, torna-se necessário:

- dimensionar a geração do volume de chamadas;
- estudar sua distribuição;
- avaliar sua quantificação;

- levantar o perfil dos profissionais requeridos ao projeto;
- formatar programas de motivação.

QUANTO À CONSTITUIÇÃO

As empresas que operam com os serviços de telemarketing, call e contact center são classificadas, como quaisquer outras, em função de seu porte e tipo. Existem empresas de grande, médio e pequeno porte, nacionais e multinacionais. A classificação no ranking é realizada considerando-se não só o faturamento, mas também o número de postos de atendimento disponibilizados para os clientes. Existe hoje um ranking publicado pela revista *Consumidor Moderno*, uma publicação pioneira nos assuntos de relacionamento entre empresas e clientes, que faz uma auditoria nas informações declaradas e uma análise dos respectivos balanços das empresas, dando um caráter de maior rigor às informações publicadas.

QUANTO AO SISTEMA

É preciso considerar, também, que os sistemas podem ser próprios (um departamento dentro da empresa) ou terceirizados (quando se contrata uma empresa especializada para gerir os processos). Existem opções de modelos híbridos, mistos: parte dos serviços é terceirizada, parte é interna. Seja qual for o sistema, a operação de um call center ou de um contact center é construída sobre o tripé infra-estrutura, tecnologia e recursos humanos.

Sistema próprio

O call center pode ser uma divisão interna da empresa, prestando serviços e atendendo às demandas de vários departamentos: industrial, gerência de produtos, comercial, controle de qualidade, atendimento ao consumidor e outros. Este sistema também é chamado de "in house". Sua implantação exige a execução, internamente, dos já citados elementos do tripé de gestão de um call center.

Sistema terceirizado

Muitas empresas têm dúvidas quanto a contratar terceiros para realizar o atendimento ao cliente, pois a área é sensível e requer, na maior parte das vezes, sigilo. No caso de contratar uma empresa especializada para realizar os serviços de um birô que atende diversos clientes, a empresa terceirizada deverá manter uma área específica, exclusiva, para operacionalizar as ações, mantendo, assim, a qualidade e a confidenciabilidade necessárias para a operação. Esta opção exige definir critérios para escolher a empresa adequada para servir aos seus objetivos. Não se iluda com tecnologias altamente sofisticadas: o importante é saber como tais tecnologias serão aplicadas para atender às necessidades do seu projeto. A terceirização deve ser feita não com o estrito critério de reduzir custos, mas com o objetivo de revisar e refazer processos.

Modalidades de terceirização

O mercado, hoje, apresenta três modalidades de terceirização: total, parcial e mista.

Total

Neste caso, o call center é responsável por:
- instalações físicas;
- softwares;
- sistemas de telefonia;
- computadores;
- mão-de-obra etc.

Parcial

Aqui, observam-se duas possibilidades:
- a contratada (empresa terceirizada) é responsável pela mão-de-obra, que trabalhará nas instalações da contratante;
- os funcionários da contratante se deslocam para trabalhar nas estruturas da contratada (terceirizada).

Mista

Neste caso, existe um tratamento diferente para infra-estrutura e equipe.

- a infra-estrutura é do birô, do call center;
- a mão-de-obra mistura supervisores e coordenadores da contratante com operadores do call center.

Não existe um sistema absolutamente melhor que outro, nem certo ou errado: cada caso é um caso, cada empresa atravessa um momento em seu ciclo de vida, exigindo respostas personalizadas e específicas. Assim, os benefícios e desafios de cada modelo devem ser analisados para orientar a escolha do sistema que trará melhor relação custo x benefício. Muitas empresas optam pela terceirização dos serviços de telemarketing e call center, pois a implantação de um departamento próprio, em face da sofisticação tecnológica, demanda altos investimentos e uma especialização que afasta a organização da sua atividade-fim.

Terceirizando parques já instalados

É possível terceirizar departamentos próprios, sem perder os investimentos já realizados, com o objetivo de otimizar seu uso e reduzir custos de manutenção. A empresa terceirizada cuida, então, da gestão do call center, que inclui:

- recrutamento;
- seleção;
- qualificação de operadores, supervisores e monitores;
- programas de reciclagem e atualização de pessoal;
- implementação de modelos e gerenciamento de resultados;
- assessoria nos investimentos em sistemas e equipamentos telefônicos;
- análise e recomendação para aquisição de novos aplicativos, bem como sua implementação.

O birô pode ser responsável por prestar consultoria em infra-estrutura, tecnologia e recursos humanos.

Infra-estrutura: projeto de estruturação física de call center (adequação de obras civis, elétricas e hidráulicas, mobiliários, fornecedores etc.).

Funções e aplicações

Tecnologia: projeto tecnológico envolvendo equipamentos e soluções (hardwares, softwares e sistemas de comunicação).

Recursos humanos: estruturação e modelagem da equipe, incluindo todos os escalões (gerente de projetos, analistas de suporte, sistema e tráfego, assistentes de motivação de equipes, assistentes de logística e técnicas de atendimento e relacionamento, entre outros); projeção dos custos homem/hora e elaboração do fluxo de trabalho com escalas, relatórios operacionais, de produtividade e monitoração de qualidade.

Outra possibilidade na terceirização

Existem empresas que, por sua atividade, precisam ter a central dentro das suas instalações. Porém, os custos de investimentos com o aparato de infraestrutura e da tecnologia causam dificuldades para dotar essa central da modernidade necessária. Hoje, com os DACs evoluídos e com os sistemas de transmissão de voz e dados cada vez mais avançados, é possível que um birô adote a solução de chamada de call center remoto. Isto é, a empresa passa a utilizar-se da tecnologia do birô, acessada remotamente, e poderá, assim, ter dentro da sua estrutura um upgrade com custos compatíveis.

SERVIÇOS MAIS UTILIZADOS

É importante conhecer, em profundidade, as funções mais comuns e usuais desempenhadas por um call center. A partir deste conhecimento, fica mais fácil adaptar os exemplos às suas necessidades específicas, às exigências de sua empresa ou instituição. As funções analisadas a seguir referem-se, em alguns casos, a estratégias receptivas. Em outros, são ações prospectivas. Muitas vezes, um mesmo papel pode apresentar-se tanto na estratégia receptiva quanto na ativa.

SAC

Sigla para Serviço de Atendimento ao Consumidor. O mesmo conceito pode aparecer com outros nomes ou roupagens: Serviço de Atendimento ao

CALL CENTER: Estratégia para vencer

Cliente; Núcleo de Atendimento etc. É uma estrutura muitas vezes baseada em um call center que tem a missão de funcionar como ponte entre empresa e público. Geralmente, registra reclamações e queixas, encaminhando as soluções. O grande impulsionador para o surgimento desse serviço no Brasil foi o Código de Defesa do Consumidor, que favoreceu a criação de vários SACs no início da década de 1990. Com a evolução dos conceitos de marketing de relacionamento, paralelamente à disseminação do uso de telemarketing/televendas, os SACs ganharam importância dentro das organizações. Hoje, funcionam como verdadeiros canais para aplicar técnicas de fidelização de clientes.

Serviços 0800

A empresa disponibiliza para os clientes um número para chamadas gratuitas. De modo geral, esse sistema é utilizado pelo chamado SAC. Como as perguntas mais freqüentes já são conhecidas, organiza-se um sistema programado para respondê-las e prepara-se o atendente para receber, também, consultas diversas. Esse sistema pode funcionar no horário comercial – oito horas por dia, cinco dias por semana –, ou até por 24 horas diárias, durante toda a semana, inclusive aos sábados e domingos.

Pesquisa

Realizar pesquisas a distância, tanto aleatórias quanto com amostragem estratificada, pode ser mais rápido, fácil e barato do que colocar uma equipe em campo coletando dados. Este uso do telemarketing está sujeito, é claro, a todos os parâmetros que seguem a elaboração de uma pesquisa: escolha e adequação de metodologia, definição de amostragem, determinação de desvio-padrão, margem de erro, confiabilidade, consistência de questionário, grupo controle, análises estatísticas etc. Ou seja: o instrumento apenas agiliza tabulações e reduz custos, permitindo cobertura geográfica maior e contato com amostras que, por outros métodos, talvez não pudessem ser acionadas. No entanto, ele não minimiza problemas estruturais de uma pesquisa conduzida com distorções, nem encobre erros de análise e interpretação de dados.

Funções e aplicações

As pesquisas conduzidas por telemarketing são as mais diversas: intenção de compra, índices de satisfação, intenção de voto, tendências, perfil de cliente, hábitos etc.

Pré-agendamento

A administração do tempo é, hoje, um fator crítico. Muitas vezes, os representantes de uma empresa perdem minutos e horas preciosos sem conseguir falar com a pessoa certa, no momento certo. O pré-agendamento busca, justamente, minimizar esse transtorno. O call center, de posse de uma listagem de possíveis clientes, faz contato telefônico, confirma algumas informações básicas e verifica o interesse da pessoa em receber a visita pessoal de um vendedor, com hora marcada. Esse trabalho reduz o desgaste da equipe, melhora o desempenho dos fechamentos de negócios e solidifica uma imagem diferenciada e profissional da empresa perante o público. O pré-agendamento também é usual em serviços e na confirmação de horários pré-marcados (principalmente no setor médico).

Ações promocionais one-to-one

A empresa envia material promocional personalizado para determinada listagem de possíveis clientes, junto com um número de código, chamado "key number". É com esse número que o atendente descobre, pelo sistema informatizado, quem está entrando em contato. Assim, ele manterá uma conversação personalizada com seu interlocutor, facilitando o fechamento do negócio. A estratégia de personalização inclui, por exemplo, vendas de produtos com desconto especial, ofertas de serviços diferenciados — tudo sempre adequado ao perfil daquele cliente que o operador já conhece.

Propaganda

É o caso de empresas que procuram motivar o cliente potencial a experimentar algum produto ou serviço e levá-lo até o local de exposição para fechar o negócio. Por exemplo: convites para conhecer o lançamento de um veículo, realizar um test drive, assistir a uma aula gratuita etc. A propaganda, no seu conceito mais puro, não visa efetivar a venda, e sim motivar o eventual cliente.

Vendas

Neste caso, o operador busca de fato fechar o negócio. O exemplo mais comum é o da venda de assinaturas de revistas e jornais. A operação completa-se com o cadastramento e a coleta de dados para cobrança. Usualmente, a venda é uma etapa posterior à da propaganda (seja esta realizada pelo call center ou não). Ou seja: o cliente só efetiva a compra quando já está suficientemente motivado para adquirir o produto ou serviço.

Processamento de pedidos e gestão da força de vendas

A equipe de vendas conta com um sistema que processa os pedidos efetuados, seja por telefone, fax ou e-mail, emitindo, imediatamente, as devidas ordens para o faturamento, depósito, transportadora e cobrança. O sistema facilita a vida dos vendedores, que se concentram, assim, na sua atividade principal: vender e fechar negócios, sem se preocupar com o restante. Ganha-se tempo, também, para reabastecer os pontos-de-venda rapidamente, muitas vezes no dia seguinte ao ato de compra.

Pós-venda

Hoje se sabe que não basta mais realizar a primeira venda: o importante é conseguir o segundo, terceiro e quarto pedidos... Ou seja: fundamental é fidelizar o cliente, mesmo no caso de bens duráveis, em que a reposição não é tão imediata, mas deseja-se que, na futura troca, o usuário permaneça fiel à marca (um bom exemplo disso é o da indústria automobilística). As estratégias de pós-venda surgiram de forma específica após a descoberta de que o maior índice de atenção à propaganda de determinado bem — por exemplo, um carro — ocorria entre os que tinham acabado de adquiri-lo. Ou seja: as pessoas buscam reforçar sua auto-estima, confirmando que fizeram um bom

Funções e aplicações

negócio, uma escolha inteligente, acertada, e, ao mesmo tempo, minimizando eventuais culpas provocadas pelo dispêndio financeiro realizado. No pós-venda, portanto, o script do atendente reforça todos os aspectos positivos da aquisição efetuada, além de agregar outros valores para o cliente: oferta de extensão de garantias, novos produtos, mais benefícios etc. A importância das estratégias de pós-venda cresceu e foi facilitada com a incorporação das novas tecnologias. A empresa, pelo seu call center, entra em contato com o cliente, dá-lhe as boas-vindas, pesquisa seu grau de satisfação e coloca-se à disposição para atendê-lo em qualquer eventualidade. Utilizam-se as ações de pós-venda, também, para ampliar os negócios com o cliente, oferecendo novos produtos ou serviços da mesma companhia. Um cliente satisfeito, além de ser mais lucrativo, ainda fará propaganda "boca a boca", indicando outros consumidores.

Fulfilment

O termo, do inglês, significa conclusão, fechamento de ciclo. É freqüentemente usado para referir-se à finalização de tarefas, sobretudo os processos que, iniciados no call center, dependem do envolvimento de outros departamentos ou setores da organização.

Help desk

Sempre que ocorre algum problema com o computador ou qualquer outro produto ou aparelho e disca-se para o suporte técnico, recebendo informações pelo próprio telefone para superar o problema, está se acionando o que se convencionou chamar de help desk. Mesmo sem o envio de um técnico ao local, as informações permitirão ao usuário, de forma remota, solucionar a questão. Neste caso, o call center possui um atendente especialmente treinado, que simula a situação descrita pelo cliente e o orienta, passo a passo, como proceder. O help desk é muito comum para resolver dúvidas e problemas relativos à tecnologia (usualmente, computadores, softwares e periféricos). Os usuários o acessam para obter esclarecimentos, buscar ajuda na detecção e no combate a bugs, equívocos, problemas em geral. Um help desk pode conter bibliotecas,

CALL CENTER: Estratégia para vencer

centros de consulta, técnicos de campo e outros. Também conta com um banco de dados para resolver problemas de maneira rápida e fácil, aproveitando conhecimentos acumulados anteriormente: são as respostas para as perguntas mais freqüentes (as FAQs, sigla para Frequent Asked Questions).

Follow up

O follow up é o acompanhamento, pelo call center, de ocorrências entre empresa e cliente, fornecedor ou público. Pode ser a resposta a uma demanda anterior (reclamação, solicitação de uma informação etc.) que exige acompanhamento para conferir se a solicitação foi atendida. Pode ser, apenas, uma rotina operacional, para checar procedimentos, conferir retornos, manter um elo com o cliente. Enfim, o follow up humaniza e personaliza as relações empresa/indivíduo.

Cobrança ou recuperação de ativos

A recuperação de inadimplentes é um setor abrangido pelo telemarketing com resultados positivos. Sem constrangimentos, é mais fácil renegociar dívidas e encontrar uma solução satisfatória para ambas as partes na quitação de pagamentos em atraso. Para atingir esse objetivo, é claro que o script também deve ser elaborado cuidadosamente, respeitando o devedor e não apresentando os erros muitas vezes ocorridos nas cobranças porta a porta: ameaças, horários inoportunos etc. Muitas dessas abordagens são ilegais, mas o pior é que a relação custo x benefício não é favorável para a empresa. É bom lembrar que o conceito de devedor, hoje, é totalmente diferente daquele que existia há algum tempo. Antes, quem devia era considerado um verdadeiro marginal. Agora, os comerciantes entendem que, muitas vezes, o atraso é devido a vários fatores, alheios à vontade ou ao planejamento de quem contraiu a dívida. Poucos são aqueles que planejam "dar um golpe". Veja o exemplo americano, em que é possível solicitar até sete vezes a falência física — e ninguém condena o indivíduo. Ao contrário: ele recebe todas as oportunidades para recuperar-se, inclusive crédito após o encerramento da falência. O raciocínio do mercado financeiro é simples: ao fornecer nova-

Funções e aplicações

mente as ferramentas de crédito à pessoa, ela, com a sua experiência, poderá gerar recursos, pagar as dívidas e continuar produtiva – sem repetir os erros anteriormente cometidos. Nas sociedades consumistas, o devedor é um estado temporário, passageiro. É necessário criar estratégias para que ele se recupere, pois assim há mais chances de receber o que é devido.

Atualização de mailings e cadastros

Este é um trabalho relevante e fundamental do call center. Não adianta sair desesperado atrás de uma fonte confiável para alugar ou vender parte de um banco de dados quando se necessita de um cadastro para uma ação de marketing ou de vendas. O importante, além de ter o banco de dados bem formado e concebido, é mantê-lo atualizado – prática não muito comum no Brasil. Os investimentos para manutenção de um cadastro ainda são poucos e raros, mas extremamente necessários: pessoas mudam de endereço, de cidade – até mesmo de país. Mudam de sobrenome, casando ou separando-se. Mudam de profissão, de status social – para citar só algumas variáveis. Um cadastro de 200 mil nomes, considerado pequeno pelos parâmetros tecnológicos atuais, em pouco tempo perde seu valor se não for permanentemente atualizado. Esta é uma tarefa que o call center pode realizar com competência, rapidez e baixo custo, inclusive criando cadastros específicos, pelo cruzamento de variáveis solicitadas pela empresa, pois já vai longe o tempo em que as empresas buscavam no catálogo uma listagem de nomes para contatar. Hoje, os métodos sofisticaram-se: quanto melhor se conhece a pessoa com quem se fala, mais personalizada será a mensagem e maiores as chances de atingir o objetivo desejado. Como poucas pessoas estão dispostas a fornecer informações sobre si mesmas – seja por medo, falta de tempo ou outras barreiras que não serão aqui esmiuçadas –, as empresas de call center criaram estratégias para obter tais elementos. São brindes, prêmios e concursos que estimulam a participação e o fornecimento de dados. Além disso, a própria empresa ou instituição, no decorrer do tempo, formatará seu banco de dados. Para mantê-lo sempre válido, realizam-se contatos sistemáticos em um calendário pré-programado: aniversários, festividades de final de ano, revisões, trocas e outras datas especiais, relacionadas diretamente ou não com a aquisição

CALL CENTER: Estratégia para vencer

do bem ou serviço. Quanto maiores os detalhes disponíveis, mais fácil será elaborar uma estratégia de abordagem eficiente.

Perfil mínimo

É importante levantar elementos que ultrapassam os fatores tradicionais, como idade, sexo e classe econômica. São os detalhes que permitem otimizar as ações. Consideram-se, assim, gostos, interesses, hobbies, atividades profissionais e de lazer para estruturar abordagens com impacto.

Dados demográficos
- Sexo
- Idade
- Estado civil
- Núcleo familiar
- Profissão
- Escolaridade
- Classe econômica
- Endereço residencial
- Endereço profissional
- Outros (conforme segmento de atuação)

Dados psicossociais
Estes dados referem-se a hábitos sociais, culturais e outras características que constituem a personalidade do cliente. Eles variam muito conforme o segmento de atuação da empresa e seus objetivos de marketing. Aqui estão apenas alguns exemplos possíveis:
- bens que possui;
- hábitos de consumo;
- intenções de compra;
- hábitos de lazer (viagens, leitura, música etc.);
- hobbies;
- posicionamento político e ideológico;
- hábitos alimentares.

Funções e aplicações

Portal de voz

Este é outro importante serviço prestado pelo call center. O portal de voz fornece informações pelo telefone com base em conteúdos armazenados na web e em outros meios digitais, que podem ser de caráter privativo ou público. As informações públicas atendem, geralmente, a uma necessidade imediata do usuário, como, por exemplo: previsão do tempo, notícias, informações sobre o sistema viário, localização de lojas e serviços emergenciais. Pelo portal de voz o assinante também poderá ouvir seus e-mails (text-to-speech), fax, mensagens da caixa postal de voz e agenda pessoal. Poderá completar chamadas para os números consultados na agenda ou mesmo dos serviços de informações (auxílio à lista). O acesso ao portal pode ser fechado ou aberto. No primeiro caso, só clientes que pagam, que são assinantes, podem contatá-lo. Quem não é assinante tem o acesso barrado. Já no aberto, qualquer pessoa tem acesso às informações: basta conectar-se ao portal. O funcionamento obedece aos seguintes passos:

- o assinante da rede fixa ou celular liga para um número de serviço de portal de voz;
- sua chamada é atendida com uma saudação (*Bem-vindo ao portal de voz "X"*);
- a partir deste ponto, o portal, por um voice browser, disponibiliza os serviços ativos para o usuário;
- o cliente, comunicando-se pela fala, solicita o serviço desejado. Por exemplo: "Gostaria de saber como está o trânsito nas imediações da Av. Paulista";
- o portal identifica a voz do assinante, consulta a base e vocaliza as informações.

MÚLTIPLAS FUNÇÕES

É claro que o call center muitas vezes executará mais de uma função para atingir objetivos macroestratégicos. É o caso, por exemplo, do lançamento de produtos ou do marketing político, em que este instrumento acompanha o gerenciamento de todo o processo, envolvendo desde a pesquisa até o pós-venda, passando pela propaganda e por monitoramentos diversos. Muitas vezes, algumas dessas funções misturam-se em uma mesma operação — mas elas nunca se sobrepõem! Uma vem em conseqüência da outra. Por exemplo: vendas, após propaganda. Evita-se, no entanto, definir muitos objetivos em um mesmo cenário, pois corre-se o risco de não atingir o alvo. Seja qual for o caso, é preciso, sempre, realizar um bom planejamento estratégico. É necessário tomar decisões importantes — e este é o tema do próximo capítulo.

A força do telefone

O telefone, esta invenção ainda tão recente, está completamente incorporado ao cotidiano do cidadão. Mesmo aqueles que não possuem sua própria linha interagem continuamente com esse instrumento, seja no trabalho, seja em telefones públicos, e, por incrível que pareça, o fascínio e a atração que esse aparelhinho exerce continuam fortes. Quem tem filhos adolescentes em casa constata este fato facilmente – difícil manter a linha desocupada, pois os jovens estão permanentemente conectados entre si! É claro que contribui para isso, e muito, a rápida expansão dos sistemas de telefonia no Brasil. Hoje, ao conhecer-se alguém, é quase automático, na despedida, a troca de números de telefone para posterior contato. A telefonia celular facilitou o acesso a esse bem de mil e uma utilidades: com ele transmitem-se informações, expressam-se emoções – de raiva, insatisfação, amor. É com ele que se pede ajuda, realizam-se compras, enviam-se mensagens a longas distâncias. As linhas "0800", cujas chamadas são pagas pelas próprias empresas, otimizaram mais ainda tal interação. Sem que o usuário se desloque, no conforto de sua residência ou na praticidade de sua empresa, poderá realizar inúmeras tarefas. Mas falar e ouvir ao telefone é bem diverso de fazê-lo frente a frente com alguém. A mensagem enviada e recebida a distância, somente com o uso do aparelho fonador, exige uma elaboração específica: não há apoio do corpo, da expressão visual. De nada adianta apontar com a mão, indicando: "É logo ali!" Aliás, esse é um erro muito comum em conversações telefônicas. Enquanto o videofone não se populariza, é impossível contar com a imagem para apoiar o discurso. O bom operador de telemarketing e o agente de um call center necessitam desenvolver habilidades de entender as "entrelinhas", descobrir a mensagem oculta nas pausas e no que não foi dito, em expressões de voz e no tom da fala. Além disso, precisam possuir aptidão para dar "cor" e vida ao que dizem.

É claro que também existem aspectos positivos no uso do telefone para contatar alguém. Embora na conversação "cara a cara" exista o apoio visual, paralelamente ocorrem as dispersões, ou ruídos, como são chamados no sistema de comunicação. São interferências que diminuem a atenção do interlocutor. O ouvinte, muitas vezes, distrai-se por algum motivo, para retomar logo em seguida a conversação. Já ao telefone tais focos de atração se reduzem. Durante alguns preciosos segundos o universo fica como que "em suspenso" e o sujeito, atento a essa voz misteriosa que vem sabe-se lá de que distância e de que ponto, uma voz sem rosto e sem identidade. O operador pode – e deve – tirar proveito desta vantagem, transformando-a em interesse real pela oferta, mensagem ou proposta que será efetuada. O telefone ainda possui sua magia, uma magia que se expande pela internet e por outros meios. Esses instrumentos criam vínculos de relações originais entre clientes e empresas – muitas vezes tortuosas, mas que podem se revelar profundas e duradouras. Assim, é necessário que as organizações transformem suas estruturas, colocando mais emoção e energia nos contatos com o mercado, pois é isso que cria um relacionamento. No entanto, como atualmente as empresas estão em constante mudança – seja por vendas ou fusões, seja pelos procedimentos de reengenharia –, torna-se difícil o envolvimento emocional, o "vestir a camisa". O que se vê são profissionais cercados por incertezas e com baixo índice de fidelidade à companhia que os abriga. Mas existe, ainda, um espaço que se volta para a humanização do cotidiano profissional: é o call center. Nunca se ouviu falar tanto em programas motivacionais, incentivos, premiações, programas de qualidade de vida, qualidade vocal, treinamento, monitoria – enfim, um sem-número de propostas voltadas para o recrutamento, seleção e retenção dos melhores talentos como nesses locais. Ocorre, além disso, uma busca permanente por ambientes e técnicas modernas para amenizar o elevado estresse físico e emocional dos agentes, supervisores e coordenadores que trabalham nas centrais de atendimento. Por mais modernas que sejam as técnicas e os recursos, o importante é o compromisso da empresa com seus clientes. A central de atendimento é apenas o reflexo desse compromisso assumido pelas companhias que buscam uma gestão de qualidade.

Funções e aplicações

Conceitos importantes

Campanhas receptivas

A empresa nem sempre fica aguardando, passivamente, as chamadas dos clientes. Ela pode promover uma campanha específica, provocando tal demanda. O projeto, neste caso, presume o recebimento de chamadas por um grupo previamente definido de troncos ou agentes. A partir das informações obtidas pelos operadores, cria-se um banco de dados que atenderá às exigências da empresa já determinadas. Normalmente, a campanha receptiva é apoiada por veiculação de propaganda ou ações de marketing direto.

Campanhas ativas

Neste caso estão as várias campanhas projetadas, com objetivos diversos, que partem do call center para atingir o público. Um único call center pode realizar mais de uma campanha promocional ou de vendas simultaneamente. A maior parte dos dispositivos de discagem separa os agentes em grupos e faz ligações originadas em diferentes listagens, realizando acompanhamento das chamadas para geração de relatórios futuros, conforme as metas traçadas pelo planejamento.

Sistemas de informação

Englobam bancos de dados, servidores de aplicação (para acessar os bancos de dados e processar seus dados) e respectivos clientes. Contêm informações preciosas:
- elementos básicos de cadastro;
- indicadores dos melhores e mais lucrativos clientes;
- clientes em falta com a empresa;
- históricos de chamadas (número de ligações para reclamar de falhas, efetuar compras etc.).

CALL CENTER: Estratégia para vencer

CAPÍTULO 3

Decisões fundamentais

Depois de dominar os conceitos fundamentais relativos ao telemarketing, ao call e ao contact center, é hora de iniciar os procedimentos de implantação desses sistemas para que a empresa, instituição ou órgão tire o máximo proveito das inúmeras vantagens que a tecnologia oferece. Neste capítulo serão vistos os fatores críticos a serem considerados na hora de decidir pela contratação ou não de serviços terceirizados de call center, como elaborar estratégias de sucesso e verificar se o script em uso é adequado para atingir, com impacto, o público-alvo. Com esses elementos em mãos, o empresário pode comparar as opções disponíveis e selecionar as mais adequadas às suas necessidades.

A HORA CERTA

Se a empresa tem tantos clientes cujos nomes os funcionários não conseguem memorizar sem alguma ajuda, já está na hora de implantar uma central de relacionamento — e este momento chegará, cedo ou tarde, pois faz parte do ciclo de vida de qualquer organização. Este ciclo inclui as etapas de prospecção, negociação, conquista, fidelização e reconquista.

1ª fase: prospecção

É a etapa em que a empresa, já com sua área de atuação bem definida, busca incorporar benefícios de forma competitiva ao seu produto, serviço, marca. Estas vantagens são detectadas em uma prospecção de mercado, quando possíveis clientes são ouvidos e analisados.

2ª fase: negociação

Descoberto o que o público deseja e atendidas suas demandas, é necessário atraí-lo para concretizar os negócios. É a fase da propaganda, do merchandising, da formatação de ofertas, ajustes de preços e busca de um nicho de mercado.

3ª fase: conquista

Neste momento, os prospects tornam-se clientes de fato. É quando a negociação é concluída, a compra efetivada, o serviço contratado. Embora muitas empresas acreditem que os processos terminam neste momento, é aqui que se inicia, de fato, a implantação de estratégias que garantirão a expansão da companhia.

4ª fase: fidelização

Após conquistar o cliente, inicia-se um difícil processo: manter sua fidelidade. É necessário que faça novos pedidos, amplie suas relações com a companhia e continue trazendo lucros para a empresa, que pode, assim, expandir sua atuação.

5ª fase: reconquista

As relações, no entanto, sempre acabam sofrendo algum desgaste – seja pelo próprio decorrer do tempo, seja por transformações nas características do cliente (mudança de faixa etária, estado civil ou outros), além dos ataques da concorrência ou mesmo obsolescência tecnológica do que é ofertado. É o momento de aplicar táticas para reconquistar o público, ou a companhia perderá market share.

Neste ciclo, que se apresenta em praticamente todos os negócios, existem fases nas quais a importância do call center cresce, tornando-se quase indispensável. Geralmente sua implantação surge quando a empresa atinge o "ponto alfa", momento em que se conscientiza de que seu maior patrimônio é formado pela imagem que possui no mercado, a imagem que seus clientes têm da marca, do produto, do serviço. Nesta hora, ela percebe que se torna absolutamente indispensável adotar um plano de ação em que a companhia, como um todo, interaja para promover a satisfação do cliente. É a alavanca que impulsionará uma gestão de qualidade, na qual a informação é imprescindível. Lembre-se de que um conjunto de dados, por si só, não é informação. Esses dados precisam ser sistematizados, analisados e constantemente atualizados, mediante critérios estabelecidos pela própria empresa, para chegar ao estágio da informação. Eles precisam ser garimpados, como se costuma dizer, para se transformar em verdadeiras pepitas de ouro. Não se pode agir movido pela pressão, como uma empresa de grande porte que, sem ter atingido o ponto alfa, disponibilizou uma linha 0800 para atender seus clientes em todo o Brasil. A companhia implantou o sistema porque crescia a demanda de clientes solicitando reparos e suporte técnico. A linha 0800, é claro, não resolveu o problema, pois ele não estava na linha telefônica, mas sim na linha de produção! Agir assim é como comprar um termômetro pensando que, por saber o grau da febre, se debelará a doença... O termômetro é apenas um instrumento (assim como a linha 0800 ou qualquer outra ação de call center):

Decisões fundamentais

é necessário saber transformar os dados obtidos (sintomas) em informações (procedimentos para a cura). E de nada adianta somar outros instrumentos (tais como recepção de e-mails ou sites na internet): o importante é coordenar ações e agilizar respostas. Assim, a meta prioritária é atingir o ponto alfa. Depois, e só depois, cabe discutir as opções para implementar o call center, se é melhor adotar o formato "in house" ou terceirizar os serviços. É isso que se discutirá a seguir.

A SITUAÇÃO DO MERCADO

Atualmente, o mercado divide-se em três grandes setores. No primeiro estão as empresas que ainda não implantaram um sistema integrado de telemarketing. Telefonia e computação agem de forma dissociada. No segundo segmento encontram-se aquelas que já adotaram uma central de atendimento inteligente, com uma solução "in house" (interna e gerida pela própria empresa). Muitas delas estudam ou estão encaminhando procedimentos para contratar terceiros para gerenciar tais procedimentos. No topo, constituindo o terceiro setor, estão as organizações que já optaram pela terceirização. As 50 maiores empresas de call center atuando no país atendem a praticamente 94% deste mercado. O restante é dividido pelas outras operadoras, cabendo a cada uma menos de 1% do share-of-market. Mas como saber se é o momento de terceirizar ou não?

Opta-se pelo modelo "in house" ou misto quando...

- A situação envolve grande quantidade de conhecimento técnico em contínua mudança.
- O programa exige alto grau de integração imediata com outros departamentos internos de apoio.
- O fluxo de atividades e informações entre os envolvidos é constante.
- A venda é muito complexa e depende de decisões múltiplas ou de diretoria.
- É necessário demonstrar ou analisar produtos e serviços in loco.

CALL CENTER: Estratégia para vencer

- Preços, condições de pagamento e entrega, promoções e mensagens são alterados constantemente.

Opta-se pela terceirização quando...

- É necessário implantar com agilidade a central de atendimento.
- Reduzir custos (especialmente de capacitação de recursos humanos) é prioritário.
- O programa é de curto prazo ou exige campanhas simultâneas.
- A ação é sazonal ou promocional.
- É preciso certa flexibilidade.
- Não existem recursos materiais, de tempo, tecnológicos ou humanos para imobilizar em um call center.
- Já existe uma central de atendimento "in house", mas ela não comporta novos projetos de curta duração ou de teste.
- Os contatos ocorrerão fora do expediente normal da companhia.

Assim, antes de qualquer decisão, é importante considerar:

- as características do negócio;
- o porte da carteira de clientes;
- o grau de tecnicidade;
- o tamanho da linha de produtos;
- a freqüência e estilo de contato entre empresa e cliente;
- as aplicações desejadas.

BENEFÍCIOS DA TERCEIRIZAÇÃO

Existem muitos elementos que apontam para as vantagens de utilizar a terceirização. E é exatamente por isso que esta modalidade de operação cresce continuamente.

Redução de custos

Não se imobiliza dinheiro, nem pessoal, para operacionalizar um departamento cujo trabalho foge à missão básica da empresa. A relação custo x benefício é otimizada, pois os dados estão sempre visíveis, permitindo reformular contatos ou promover novas ofertas.

Flexibilidade

As operações são montadas rapidamente para atender a necessidades específicas.

Remodelagem

Realizam-se alterações nas estratégias em andamento facilmente, sempre que necessário, à medida que as respostas são obtidas, monitoradas e analisadas. O redesenho dos processos pode ser responsável por economias de até 35% e gera satisfação e encantamento nos clientes, que vêem atendidas as suas expectativas por procedimentos mais racionais e adequados.

Maior controle

Relatórios pormenorizados e consolidados facilitam corrigir rotas, minimizar erros e amplificar ações bem-sucedidas.

Especialização

A organização com profissionais dedicados exclusivamente a este assunto, constantemente atualizados em tecnologias e recursos atendem melhor às necessidades do mercado.

ESCOLHENDO UM PARCEIRO TERCEIRIZADO

Caso a empresa tenha optado pela terceirização, vem agora um momento difícil: como decidir, entre as centenas de empresas existentes, aquela que melhor atenderá aos objetivos empresariais? Três aspectos são fundamentais: tecnologia, recursos humanos e relacionamento entre empresa e call center contratado. Uma boa idéia é utilizar o benchmark (melhores práticas do mercado) para orientar as decisões.

CALL CENTER: Estratégia para vencer

Tecnologia

A tecnologia adequada permite ao call center tratar o cliente de forma personalizada, ajustando o roteiro conforme a situação, recuperando dados e histórico (mesmo contatos feitos com outros departamentos), além de possibilitar um boa integração com o back office. São pontos importantes:

- Constante atualização de softwares e hardwares, inclusive para atender a solicitações de vários meios e não somente aos contatos telefônicos.
- Infra-estrutura compatível para comportar aumento de tráfego (ou seja: capacidade para atender à demanda).
- Ergonomia.
- Número correto de linhas telefônicas.

Recursos humanos

Somente a tecnologia não é suficiente: é na equipe de profissionais que se diferencia um call center de outro. Pessoal motivado, com habilidades para enfrentar situações desafiadoras, é imprescindível, pois um call center é mais do que um simples "apontador de problemas": ele deve ser capaz de encaminhar soluções. Por isso, a gestão de recursos humanos da empresa deve contemplar:

- PCRC (Plano de Carreira e Remuneração por Competência);
- qualidade de vida e de relacionamento;
- capacitação, formação e reciclagem (incluindo Oficina da Palavra e outras técnicas vocais, de vendas, psicologia e atendimento);
- monitoria;
- ouvidoria;
- incentivos e premiações;
- clima organizacional.

Relacionamento empresa–call center

Tanto tecnologia quanto recursos humanos devem estar a serviço de um bom relacionamento entre as partes envolvidas para que os objetivos sejam alcançados. Isso exige:

Decisões fundamentais

- transparência nos contatos;
- relatórios confiáveis e consistentes, com recomendações e sugestões para a companhia superar os desafios detectados, transformando-os em oportunidades;
- feedback (retorno) das operações implementadas.

Uma vez tomada a decisão de terceirizar, é necessário estabelecer um critério para selecionar a empresa mais adequada aos seus propósitos e definir a remuneração da empresa terceirizada. Existem algumas formas de contratação, cada qual adequada a um tipo de caso. As mais freqüentes serão detalhadas a seguir.

Por trabalho

Nesta modalidade (também chamada de job) define-se, previamente, determinado valor, conforme orçamento detalhado apresentado pelo birô. É uma opção interessante para ações de curto prazo, sem continuidade, sazonais ou eventuais.

Por taxa mensal fixa

Não importa o serviço realizado no período: neste caso, o birô receberá sempre um mesmo valor mensal. Também é chamado de remuneração por fee. Para chegar ao valor a ser cobrado mensalmente, birô e empresa contratante discutem o projeto a ser implementado, com um programa de ações mês a mês (calendário estratégico). Eventualmente, em alguns períodos haverá sobrecarga de tarefas, em outros uma redução nas ações. Como a remuneração é fixa, as épocas de menor atividade compensam aquelas de maior demanda.

Sistema misto

O birô recebe uma remuneração (fee) mensal, fixa, baixa, para cobrir custos essenciais de planejamento estratégico e atendimento. De acordo com as campanhas deflagradas de receptivo ou ativo, custos específicos são somados a essa remuneração para criação e produção de scripts etc. Outras taxas e comissões também são acrescidas ao custo. Tudo é previamente aprovado pela empresa contratante.

Remuneração variável

A remuneração permite à empresa pagar uma taxa mensal mais em conta e, ao mesmo tempo, garante ao birô que ele não terá prejuízos. Estabelece-se uma remuneração fixa, tendo por base a projeção do volume de serviços a desenvolver. Mensalmente, o birô faz um relatório de despesas e vantagens oferecidas. Cada trabalho é calculado como se fosse cobrado por "job". Somam-se todos os trabalhos realizados no período. Se a taxa mensal paga ao birô for inferior a esse valor, o cliente paga a diferença.

Contrato de risco

O birô, como parceiro, recebe um percentual financeiro quando as metas previamente definidas são atingidas ou ultrapassadas (vendas, retornos, redução de acidentes etc.), ou seja: tem uma participação nos lucros da empresa.

O roteiro

Boas estratégias e decisões de excelência transparecem em uma peça-chave: o roteiro que orientará os procedimentos da equipe, os contatos com o cliente. Essa estrutura padroniza e melhora a eficiência do operador de telemarketing, variando conforme os objetivos determinados, caso a caso, pela empresa. Geralmente ele contém:

- abertura;
- indagação;
- apresentação do produto/serviço;
- tentativa de fechamento da venda/cadastro;
- contorno de objeções;
- fechamento da venda/cadastro;
- encerramento da ligação.

É claro que nem sempre o objetivo é vender: nestes casos, a etapa de tentativa de fechamento de venda é eliminada. Nem sempre, também, ocorrem objeções. A realização de uma pesquisa incorpora outros elementos e o script de um help desk segue um foco diferente. Ou seja: o roteiro básico está sujeito às adaptações necessárias, inclusive aquelas decorrentes do teste do tempo (uso em situações reais). O feedback obtido de supervisores e monitores orienta as reformulações necessárias, pois cada projeto é personalizado para atender à necessidade da organização. Um bom script antecipa cenários desfavoráveis e instrumentaliza o operador para superar as barreiras que eventualmente se apresentem, pois a maioria é conhecida, tais como falta de tempo, de interesse ou até mesmo de credibilidade. Confira aqui a argumentação que o atendente pode utilizar para contornar negativas.

Falta de credibilidade

Sem ver o produto ou conferir o serviço, é compreensível que o cliente fique desconfiado. Nas entrelinhas ele coloca: "Como posso saber se isto é verdade?" Age aqui o famoso ditado, tão enraizado na cultura brasileira: "Ver para crer". Para contornar este problema, o primeiro passo é solidarizar-se com o cliente e criar um vínculo de identificação. Depois, propõe-se uma solução: enviar um vendedor para demonstração; enviar o produto com garantia de devolução; enviar um catálogo com fotos demonstrativas etc.

Falta de interesse

O cliente, sem escutar a mensagem, diz não ter interesse. Isso significa que os argumentos utilizados não atingiram suas necessidades ou expectativas. É importante concordar e valorizar sua opção de não comprar ou aceitar algo desnecessário, ao mesmo tempo que se busca descobrir o motivo da falta de interesse. A solução: perguntar exatamente por que o produto ou serviço não serve e propor alternativas.

Falta de tempo

Esta alegação é geralmente falsa e encobre a falta de interesse, pois os brasileiros não gostam de parecer rudes. O melhor é ser gentil, pedir desculpas e tentar marcar um novo horário, utilizando-se, então, as estratégias do item anterior.

Negativa direta

O "não" pode ser imediato, no início do contato, ou surgir depois de algum tempo. Em qualquer um dos casos, tenta-se envolver a outra pessoa, pedindo ajuda (poucos se recusam a dá-la!). Solidarizar-se com o interlocutor e perguntar como melhorar a abordagem ou oferta também são alternativas interessantes.

Estas são apenas algumas orientações. Os roteiros necessitam de contínuos ajustes diante da prova da prática, do cotidiano. Suas modificações refletem as ocorrências diárias, mudanças no perfil do cliente, novas necessidades que surgem e outros fatores. No entanto, não se alteram scripts sem antes detectar-se, exatamente, qual a origem dos problemas de comunicação. Muitas vezes não estão no roteiro, mas sim na falta de capacitação do operador, em falhas técnicas etc. Monitorar a qualidade para identificar os pontos de estrangulamento é a melhor saída para uma gestão de quali-

Decisões fundamentais

dade. Um birô de contact center deve adotar modelos de teste dos scripts, contemplando a análise de cinco grandes núcleos: objetivos, mensagem, linguagem, flexibilidade e tempo. Cada um desses itens subdivide-se em vários tópicos, que são pontuados até obter-se um roteiro elaborado em função da pessoa que está do outro lado da linha. De nada adianta criar um script que agrade ao dono da empresa, ao diretor financeiro, ao gerente de marketing, para citar só alguns cargos, se ele for inviável. Frases longas, cheias de argumentos técnicos, números, adjetivos espetaculares e detalhes incontáveis cansam o ouvinte e carecem de credibilidade. O cliente fica irritado e todos perdem tempo e dinheiro. Também é prática indesejada o uso indiscriminado da música de espera. Emprega-se esse recurso em último caso! As músicas passam para o cliente a sensação de um período de espera maior, de pouco caso para com ele.

Conceitos fundamentais

Terceirização

Terceirização é um processo de gestão no qual se repassam algumas atividades para terceiros, que se tornam parceiros. Assim, a empresa concentra-se apenas em sua missão, nas tarefas-fim, diretamente relacionadas ao seu setor de atuação.

Implantação

Seja qual for o modelo adotado – terceirização ou in house –, a empresa deve apresentar três condições básicas para implantar o call center: tempo para cuidar do cronograma do projeto, metodologia para aplicar processos e sistemas com qualidade e rigor técnico, e gestão competente, ou seja, profissionais para implantar e desenvolver o projeto. Uma boa alternativa é contratar uma consultoria para realizar o projeto, minimizando riscos – e custos!

Prazos

Para que o call center corresponda aos objetivos determinados pela empresa, ela deverá preparar-se para, ao abrir um poderoso canal de relacionamento, atender de maneira eficiente às expectativas dos clientes e motivar toda a organização para praticar realmente as ações com foco no público. Entregar produtos e executar serviços nos prazos estipulados é um pressuposto para as empresas se manterem vivas no mercado. É necessário ter toda infra-estrutura para cumprir o que se promete antes de realizar campanhas de vendas pelo call center.

CAPÍTULO 4

Recursos humanos

Neste capítulo serão analisados os aspectos relativos aos profissionais envolvidos nas operações de telemarketing, call e contact center, e qual o perfil adequado para o exercício das principais funções que fazem parte de um bom modelo de gerenciamento nesta área. Também serão fornecidas algumas recomendações para aprimorar o processo de comunicação, principalmente os cuidados relativos à voz, linguagem e ao emprego de vocabulário preciso, considerando-se o público-alvo a atingir.

A IMPORTÂNCIA DOS RECURSOS HUMANOS

Existem muitos aspectos importantes na estruturação de um call center, como já foi visto até este momento. No entanto, por trás de todos eles encontra-se o ser humano, que define estratégias, abordagens, possui criatividade e "jogo de cintura" para contornar situações que a máquina, muitas vezes, não consegue entender ou resolver. Mesmo no caso de atendimentos automáticos, com voz sintetizada, o roteiro foi elaborado por um ser humano – e cabe a ele a responsabilidade por eventuais falhas. Só para ter uma idéia da importância das relações humanas nos negócios, basta analisar o exemplo de Jan Carlzon (SAS). Todos os anos, cada um dos dez milhões de passageiros de uma companhia aérea entra em contato com pelo menos cinco dos seus funcionários. Portanto, são cinqüenta milhões de vezes que a empresa deve "acontecer" positivamente por, pelo menos, quinze segundos em cada contato. São 50 milhões de "horas da verdade", que devem ser aproveitadas como únicas pela companhia. É o período em que cada um dos clientes deseja receber a melhor atenção, o melhor serviço, a melhor resposta; assim, definir o perfil adequado de cada profissional que integrará a equipe pode ser a diferença entre o sucesso e o fracasso.

O PERFIL DO PROFISSIONAL

Nos Estados Unidos, a profissão de operador de call ou contact center já é uma realidade, existindo plano de carreira e uma série de benefícios que atraem profissionais qualificados. Ser um atendente não é somente realizar um trabalho temporário – embora ele seja fundamental neste setor, pois muitas são as campanhas de caráter sazonal, que exigem profissionais por curto espaço de tempo ou para reforçar a equipe permanente. Neste caso, o candidato precisa apresentar habilidades específicas, que nem todos possuem. Contratar profissionais que invistam na carreira, construindo uma sólida experiência, beneficiará a empresa. São pessoas que contribuem de modo efetivo para o progresso das organizações, crescendo junto com elas. No Brasil, o setor ainda é muito recente e uma geração de profissionais está se formando

CALL CENTER: Estratégia para vencer

praticamente agora. Uma das fontes de recrutamento no país são as universidades, onde jovens em formação são aproveitados por períodos que variam de 12 a 36 meses com excelentes resultados. Muitos acabam ingressando na profissão definitivamente, com possibilidades de galgar postos a partir do cargo de operador de telemarketing simples (só contatos telefônicos), chegando até a gerentes, após atuação como agente multimídia, receptivo, prospectivo, coordenador, supervisor etc. Cada uma dessas funções exige perfis diferenciados.

Operador

Possui as seguintes aptidões e habilidades:

- Aptidão pessoal para atender: traduz-se em simpatia, disponibilidade e interesse pelo interlocutor.
- Competência lingüística adequada ao projeto: o operador deve possuir repertório e vocabulário compatíveis com aqueles utilizados pelo público com o qual irá interagir. Também necessita dominar perfeitamente o português e, de preferência, uma segunda língua. Falar fluentemente outro idioma (em geral inglês ou espanhol) é cada vez mais importante, pois alguns projetos destinam-se ao mercado internacional; outros exigem domínio de vocabulário técnico estrangeiro.
- Boas condições do aparato fonador e auditivo: é necessário emitir sem dificuldades as palavras e escutar perfeitamente, discriminando os sons para evitar mal-entendidos.
- Facilidade de adaptação e de treinamento: como o operador trabalhará com as mais diversas áreas e a tecnologia evolui constantemente, a capacidade de assimilação é fundamental, pois precisará aprender com rapidez novos conceitos, termos, argumentações e dominar novos processos e sistemas. Curiosidade, desejo de aprender, capacidade para expandir conhecimentos em capacitações continuadas são indispensáveis.
- Conhecimento específico para projetos especiais: algumas vezes, o projeto requer que o operador tenha qualificação em áreas de-

terminadas, como, por exemplo, química, biologia, engenharia, eletrônica etc. Nestes casos, fazer cursos de especialização, formação em áreas afins ou próximas, ou ter facilidade para dominar tais conhecimentos são pré-requisitos para assumir o posto.

Responsabilidades do operador

Como o operador é o porta-voz da empresa, seu papel é importante para que o público tenha uma boa imagem da companhia. Assim, o atendente é responsável por:

- manter saudável o relacionamento empresa x cliente;
- fortalecer a imagem da empresa perante os clientes pelas diversas mídias utilizadas nos contatos;
- auxiliar a empresa a fortalecer marcas, vender, pesquisar, informar ou reativar produtos e serviços, atuando positivamente como canal de comunicação com o mercado;
- relatar opiniões, críticas e sugestões dos clientes;
- cumprir normas e objetivos traçados, contribuindo para alcançar as metas;
- construir um clima organizacional sadio, relacionando-se bem com a equipe.

Supervisor

Um supervisor necessita apresentar múltiplas habilidades e características, tais como:

- simpatia, pois eventualmente terá de recepcionar empresas que desejam conhecer o call center;
- facilidade para se expressar ao telefone, transmitindo sorrisos – e não apenas palavras;
- capacidade para trabalhar em equipe, tanto sugerindo quanto aceitando idéias dos colegas;
- espírito de liderança para coordenar e orientar operadores;
- automotivação e facilidade para motivar equipes;
- carisma e capacidade para treinar novos operadores, transmitindo a cultura da empresa e os princípios de um bom profissional;

CALL CENTER: Estratégia para vencer

- facilidade de relacionamento e acesso aos diversos níveis hierárquicos para discutir objetivos, políticas comerciais e campanhas do call center com as respectivas diretorias;
- disposição e vitalidade para desenvolver tarefas.

Responsabilidades do supervisor

- Monitorar e manter a qualidade de atendimento dos operadores, observando, gravando e gerenciando o sistema.
- Assegurar capacitação adequada e orientação ao pessoal, promovendo programas que atendam às necessidades da equipe e melhorem seu desempenho.
- Construir um clima organizacional sadio, mantendo a equipe motivada e integrada ao projeto da empresa.
- Alocar, coordenar e acompanhar os recursos humanos e materiais necessários para alcançar os objetivos mensais e anuais traçados.
- Compartilhar sucessos obtidos com a equipe de operadores.
- Abrir e fechar a operação diariamente, seja em condições normais, seja em plantões ou emergências.
- Identificar desafios e oportunidades, contribuindo para melhorar processos e operações.
- Manter a disciplina.
- Comunicar à equipe alterações, inovações, cases, avanços técnicos, para que haja sempre um clima positivo de liderança.
- Ouvir atentamente críticas e sugestões, encaminhando as observações pertinentes.
- Selecionar e nomear líderes de turnos de trabalho, para ajudar na supervisão da equipe e na cobertura de eventuais ausências do supervisor.

CUIDADOS PROFISSIONAIS

Um bom profissional de telemarketing, call ou contact center age sempre com ética e responsabilidade, mantendo a humildade de perguntar o que não sabe e aprimorando sem cessar seus conhecimentos. Além disso, toma cuidados especiais com seu instrumento de trabalho: linguagem e voz. A seguir, estão algumas recomendações de profissionais bem-sucedidos para incorporar na rotina diária da equipe.

Audição saudável

- Evitar expor-se a ruídos elevados.
- A cada uma hora e meia, trocar o fone de orelha.
- Não emprestar a espuma auricular nem utilizar a de outras pessoas.
- Quando a espuma desgastar-se, solicitar outra.
- Não inserir objetos no conduto auditivo.
- Não tomar medicamentos sem orientação médica.
- Procurar tratamento adequado no caso de infecções.

Cuidados com a voz

- Não abusar da voz: não gritar, não elevar a voz em ambientes amplos ou ruidosos, nem rir alto. Procurar, também, não sussurrar.
- Utilizar tom de voz natural (nem grave nem agudo).
- Não falar ao praticar exercícios físicos.
- Evitar tossir e pigarrear.
- Evitar fumo e álcool.
- Evitar ingerir aspirinas, calmantes e diuréticos desnecessariamente.
- Não cantar abusivamente ou sem acompanhamento adequado.
- Tomar de oito a dez copos de água em temperatura ambiente por dia.
- Realizar repouso vocal quando houver disfonia (rouquidão).
- Evitar leite, chocolate e derivados ou pastilhas e balas refrescantes antes da jornada de trabalho.
- Consumir frutas e bebidas cítricas (limão, laranja etc.).
- Ingerir alimentos fibrosos (maçã, cenoura etc.).
- Evitar remédios e receitas "milagrosas".
- Realizar aquecimento vocal antes do trabalho e desaquecimento após seu término.

Aquecimento e desaquecimento vocal

São atividades que previnem alterações no trato vocal, garantindo sua integridade e que os profissionais que empregam a voz como principal instrumento de trabalho realizam todos os dias, antes de iniciar sua jornada e após seu término. Os exercícios que aquecem o trato vocal permitem uma emissão oral adequada, distribuindo e equilibrando corretamente toda a tensão corporal. Os que desaquecem garantem a integridade do trato vocal pela volta adequada ao estado de repouso. Tanto o aquecimento quanto o desaquecimento vocal exigem atividades de relaxamento, respiração, alongamento e voz, com duração de dez a quinze minutos diários. Os exercícios devem ser realizados em ambiente agradável, de forma descontraída e sem rotina, com inovação nas séries. Uma das etapas principais é a da respiração, pois é ela que possibilita a produção da voz e pode, até mesmo, comprometer o desempenho do profissional. A respiração mais adequada é a diafragmática, produzida na região abdominal. Para respirar bem, é fundamental:

- alterar o ritmo da respiração entre rápido e lento, conforme a situação;
- utilizar de maneira equilibrada as cavidades nasal e bucal;
- fazer respiração diafragmática.

A fala

Na fala profissional, entonação, timbre, intensidade e ritmo são elementos cuidadosamente trabalhados.

- Entonação: a entonação ideal transmite satisfação em atender ao cliente, sem agressividade, sensualidade bem forma linear.
- Timbre: necessita ser natural, nem muito agudo nem muito grave.
- Intensidade: a intensidade agradável não é excessivamente alta ou baixa.
- Ritmo: rapidez em excesso confunde o interlocutor. Lentidão demais torna a mensagem cansativa. O tempo certo é aquele que permite uma boa articulação, ao mesmo tempo que mantém o interesse do ouvinte.

Mas de nada adianta ter uma voz agradável, saber falar bem, se o profissional não dominar as técnicas de comunicação. Saber comunicar-se é ter a capacidade de trocar ou discutir idéias, dialogar, conversar, enfim: conseguir transmitir e receber mensagens sem distorções. Para comunicar-se bem é importante...

- Ouvir atentamente para entender: não interromper o cliente, investigar e esgotar a solicitação ou o questionamento.
- Expressar-se com clareza e objetividade.
- Utilizar um bom português.
- Evitar colocações desnecessárias, gírias e termos técnicos que dificultem o entendimento. O agente não deve utilizar-se do gerúndio para descrever ações futuras.
- Empregar vocábulos afirmativos com ênfase correta, alternando sinônimos para não ser repetitivo (por exemplo: certo, correto; sim, sim senhor; perfeito, exato; entendo, compreendo etc.).
- No lugar de dizer o que não pode ser feito, dizer ao cliente o que é possível realizar.
- Instruir, orientar, esclarecer, encaminhar e persuadir.
- No telemarketing ativo, despertar o interesse do cliente, permitindo sua participação.
- Adequar a seqüência do script de acordo com as necessidades do cliente.

Exemplos de erros comuns

Muitos erros são cometidos por insegurança, por medo de pequenas pausas e silêncios. Enquanto se busca na memória a palavra para continuar o discurso, emprega-se uma "muleta" para preencher o vazio. Outros erros ocorrem simplesmente por hábitos inadequados, como transferir a linguagem do dia-a-dia ou de um círculo de amigos para o ambiente profissional. Um bom operador não emprega palavras coloquiais, gírias, vícios de linguagem, gerúndios e condicionais, tais como:

- Coloquiais: Viu, né, olha, aham, ok, uhum, tá bom, ah! tá, sim, tá ok, bah.
- Gírias: Tudo bem, tipo assim, pode sê, valeu, ô loco!
- Vícios de linguagem: Brigada, nada, como?
- Gerúndios: Estarei anotando, estaremos entrando, vou estar fazendo, vou estar enviando.

- Condicionais: terminações em "ia": seria, poderia, gostaria, teria.
- Expressões que demonstrem insegurança: talvez, pode ser, eu acho que sim, eu acho que não, possivelmente, provavelmente.

Ao evitar esses erros e aplicar alguns princípios básicos de cordialidade, empatia, domínio técnico, segurança e profissionalismo, obtêm-se resultados imediatos para otimizar as relações com o mercado.

Cordialidade é...

- Tratar o cliente com cortesia e respeito.
- Fazer que cada atendimento seja um "momento inesquecível".
- No primeiro contato, utilizar as formas Sr. ou Sra. Empregar "você" somente se o cliente apresentar essa possibilidade.
- Não confundir "informalidade" com "ser íntimo".
- Solicitar "um momento" e informar ao cliente que ele terá de esperar sempre que houver necessidade de consulta a registros ou análises.
- Utilizar "por favor" ou "por gentileza" ao pedir algo ao cliente.
- Pedir desculpas (sem justificativas) sempre que ocorrerem erros, retomando-se o ponto imediatamente anterior à ocorrência.
- Nos casos de reclamações sobre um atendimento anterior ou realizado por outra pessoa, perguntar: "Em que posso ajudar?", sem emitir opinião pessoal. Ouve-se atentamente e busca-se uma solução, seguindo as orientações e procedimentos da empresa.

Empatia é...

- A capacidade de colocar-se no lugar do outro – no caso, do cliente.
- Com empatia é possível encontrar soluções e alternativas para auxiliar o cliente baseado nas instruções de trabalho, nos manuais e procedimentos do projeto ou da empresa, sempre visando satisfazer o público.
- Não encarar críticas ou elogios realizados pelos clientes de forma pessoal.

Recursos humanos

Após atender alguém que o deixou muito irritado ou abalado, o operador necessita de um intervalo um pouco maior até a próxima chamada. Deve tomar água, desabafar com os colegas ou solicitar apoio psicológico: os outros clientes não merecem um atendimento deficiente porque ele não está em condições adequadas.

Domínio técnico é...

- Conhecer bem os instrumentos de trabalho (ferramentas, script, telas, instruções e procedimentos), os produtos, serviços, a empresa ou organização.
- Efetuar consultas, análises e registros corretamente.
- Fornecer informações precisas.
- Superar objeções com sucesso.
- Realizar agendamentos e cadastros para vendas posteriores.
- Demonstrar conhecimento e domínio de técnicas de venda.

Segurança é...

- Ser desenvolto e criativo.
- Utilizar bem os recursos disponíveis: informática, voz, atenção concentrada, conteúdo dos treinamentos, procedimentos, instruções de trabalho, argumentação, técnicas de vendas.
- Estar atento à linguagem empregada, usando corretamente as palavras, com exatidão e sem duplos sentidos ou frases vagas.
- Transmitir credibilidade: fornecer datas exatas (evitar: por volta de, em aproximadamente etc.) para retornar ligações, entregas etc. É bom considerar uma margem de folga, seguindo os procedimentos da empresa para não errar.

Profissionalismo é...

- Demonstrar satisfação com o trabalho, entusiasmo em atender o cliente: o sorriso invade a voz.
- Atender no tempo médio exigido por projeto.
- Cumprir as metas diárias e mensais estabelecidas pela empresa.

CALL CENTER: Estratégia para vencer

Cuidados gerais

- Sentar-se adequadamente na "posição de atendimento": ângulo de 90°, pés apoiados no chão.
- Vestir-se de maneira confortável.
- Fazer exercícios físicos regularmente.

OTIMIZANDO AS OPERAÇÕES

Uma equipe que apresenta o melhor perfil e segue as práticas de benchmarket tem tudo para contribuir para o sucesso das campanhas. Os objetivos serão mais facilmente atingidos se o gestor seguir algumas das seguintes regras fundamentais:

- cumprir os acordos feitos com os clientes;
- implantar bons processos;
- realizar boa troca de informação entre os departamentos;
- agilizar a solução dos problemas;
- conhecer o produto, o mercado e a concorrência;
- conhecer cada cliente e seus hábitos de compra;
- estabelecer uma forma respeitosa, competente e humana para tratar os clientes.

Parece fácil, mas não é, pois muitas empresas não dominam esses fundamentos básicos. Alguns empresários até acreditam conhecer seu produto, mercado e concorrência e que as relações com a clientela são boas. No entanto, uma pesquisa mais profunda demonstra que esta cultura de marketing com foco no cliente não está enraizada em toda a equipe, em todos os colaboradores e escalões da organização. Somente tendo cumprido estas regras será possível encontrar a emoção e energia, tão enfatizadas pela Ask! Cia. Nacional de Call Center para tornar efetivos os valores humanos no momento em que algum cliente entrar em contato com agentes da empresa.

Teoria & Prática

Capacitação de operadores

Não cabe ao call ou contact center resolver sozinho todos os problemas da empresa. De nada adiantará ter funcionários capacitados, com domínio da língua, conhecimentos técnicos e simpáticos se, por exemplo, a empresa não possuir estoque bem dimensionado para atender à demanda, se a emissão das faturas for inadequada ou o produto apresentar problemas. Um cliente liga para ser atendido, não deseja somente ser ouvido: procura uma solução, uma informação, uma satisfação, e só a encontrará se a empresa estiver preparada para isso. O bom atendimento é construído sobre bons processos. Assim, o sucesso depende de um conjunto de atributos, que começa pela definição estratégica que orientará todas as ações da empresa em relação aos seus clientes, fornecedores e colaboradores internos. A estratégia também define os processos de integração entre departamentos, trânsito e circulação das informações, implantação de ações baseadas nessas informações e seu gerenciamento para produzir satisfação, eficiência e fidelização. Fundamental neste processo é a capacitação do pessoal de linha de frente, do operador que estará em contato direto com o cliente, com o prospect (cliente em potencial) ou usuário, pois as mídias eletrônicas ainda não criaram um ambiente de interatividade total para atender pedidos, aceitar perguntas, críticas, sugestões etc. A tecnologia trabalha para chegar a um equipamento rápido, barato e que "dialogue" com o público. No entanto, até o presente momento, é o telefone o meio universalmente aceito e que proporciona respostas imediatas a qualquer intervenção, de preferência com a possibilidade de interação a "viva voz". Pelo telefone ocorrem as conversas, acionam-se serviços, buscam-se informações, ajuda, comunicam-se ocorrências (médicas, policiais ou outras emergências). O operador, em todos estes casos, necessita estar preparado para enfrentar algumas peculiaridades deste veículo de comunicação. Por ser uma comunicação "invisível" (por enquanto, pois as tecnologias de vídeo e telefonia ainda são restritas), dois aspectos ganham destaque: descontrole emocional e falta de credibilidade. Para superar estes e outros desafios, os operadores precisam conhecer profundamente aspectos técnicos, profissionais e organizacionais.

Capacitação técnica

- Uso dos equipamentos de telecomunicação, softwares e sistemas adotados na empresa.
- Cadastramento de clientes e produtos.
- Realização de consultas a cotações e pedidos.
- Lançamento de pedidos de vendas.
- Verificação de estoque.
- Ofertas de alternativas de vendas (produtos similares).
- Verificação de crédito.
- Determinação de preços.
- Verificação de status do pedido (produção, carregamento, envio, faturamento etc.).
- Operação de sistemas de informação complexos (como os do SAC, Serviço de Atendimento ao Consumidor, por exemplo, ou Serviços de Pesquisa).

Capacitação profissional

- Técnicas de vendas
- Técnicas de atendimento ao cliente.
- Técnicas de atendimento telefônico, chats, respostas de e-mails e outras mídias.
- Noções de psicologia.
- Liderança.
- Relações interpessoais.
- Administração do tempo.
- Responsabilidade e ética.

Recursos humanos

Capacitação organizacional
- Histórico da empresa.
- Direitos e deveres.
- Plano de carreira.
- Hierarquia e fluxograma.
- Sistemas de monitoramento.
- Gestão da qualidade.

Conceitos fundamentais

Descontrole emocional

Sem ser vista, é mais fácil a pessoa exaltar-se, tornar-se agressiva, revelar aspectos de sua personalidade (inseguranças, medos, sexualidade reprimida, entre outros) que, normalmente, manteria sob controle. É essencial que os atendentes e a implantação dos sistemas em um call center considerem esse fator, que pode alterar totalmente a rotina de um script.

Falta de credibilidade

A "invisibilidade" da empresa provoca desconfiança. As mudanças de mercado ainda são muito recentes — empresas "virtuais" geram medo no consumidor, que receia ser enganado ou comprar "gato por lebre". Reforçar a imagem institucional, agregar maior valor à marca, exemplificar com testemunhos bem-sucedidos são algumas estratégias adotadas para superar esta barreira.

CAPÍTULO 5

Recursos tecnológicos*

É claro que um dos grandes benefícios oferecidos pelo call center é sua estrutura de suporte tecnológico. No entanto, com o rápido avanço das pesquisas aplicadas, fica difícil para o empresário decidir entre múltiplas ofertas de hardwares, softwares, integrações entre sistemas, bits e bytes. Neste capítulo serão apresentados os recursos disponíveis para as empresas incrementarem este setor, escolhendo as ferramentas mais adequadas aos seus objetivos ou descobrindo os critérios para analisar as possibilidades dos parceiros terceirizados. Serão discutidos conceitos, plataformas e a estrutura do call center, bem como a integração dos diversos aplicativos para otimizar resultados.

---

* A descrição geral dos equipamentos e do ambiente tecnológico disponibilizado para os clientes abordada neste capítulo baseou-se no modelo da Voxline Contact Center (SP), com solução tecnológica fornecida pela Avaya. Podem existir outras composições mais simplificadas.

Ao se falar em call center, tem-se em mente que o consumidor deseja facilidade e eficiência para fazer chamadas telefônicas e contatar uma empresa. Imagina-se que é pelo telefone que ele fará uma reclamação, sugestão, solicitará informações, esclarecimentos, fechará compras etc. No entanto, esse panorama está mudando. Fala-se em multimídia, em voz sobre IP – novas tecnologias que incorporam os avanços da informática e da telemática à rotina empresarial. Isso dá ao consumidor um espectro muito maior e mais complexo de possibilidades para entrar em contato ou fazer negócios com uma organização. A gama de possibilidades de interação entre empresa e cliente cresceu, e torna-se necessário produzir soluções para dar conta desse crescimento, mantendo o processo fácil, eficiente e flexível. Assim, o mercado, cada vez mais, vem aplicando o conceito de convergência da tecnologia. Isso significa que se progride em direção às soluções do contact center, em que as diversas mídias de comunicação (chamada telefônica, e-mail, fax, chat ou outras ainda por desenvolver) podem ser gerenciadas e operadas a partir de uma fila única e de um só operador. Resultado: ganhos em qualidade, velocidade, eficiência e flexibilidade. Este tipo de processo pode ser implementado com novas tecnologias, por exemplo, como o sistema da Ericsson chamado Solidus eCare, o Web Call Center da Avaya, ou ainda as soluções da Siemens, da Alcatel e da Nortel. O importante é que sejam adotadas soluções comprovadamente testadas e aprovadas, pois, se há uma coisa que um birô de terceirização de serviços de contact center não é, é um laboratório de testes e experimentos de soluções que se pretendem inovadoras. Isso porque não se deve fazer experiência com o dinheiro dos outros.

No caso dos contratantes, em 2000 apenas 10% dos call centers no Brasil estavam conectados à web e aplicavam soluções pela internet. Hoje, estima-se que 90% deles já estejam aptos para atender todo um universo de multimídia. Essa rápida expansão encontra uma explicação lógica: o cliente utiliza tais meios para interagir com o mundo, e a empresa que ignorar tal fato será riscada do mercado, sucumbindo às ações de uma concorrência globalizada, agressiva e ativa – uma concorrência que se antecipa àquilo que o consumidor deseja, buscando atendê-lo em suas expectativas e anseios com máxima qualidade e menor custo. Existem modelos, sistemas e ferramentas tecnológicas que facilitam essa convergência e estão presentes tanto na infra-estrutura do

CALL CENTER: Estratégia para vencer

call center quanto nas centrais de atendimento. Mas como aumentar significativamente a produtividade dos agentes de um call center? Depois de tomar todas as medidas em termos de ergonomia e políticas de incentivos, a única saída é a integração CTI, pois hoje, cada vez mais, os agentes recebem solicitações por múltiplos meios: fax, e-mails, contatos de voz e chat via internet etc. É impossível gerenciar eficientemente todos esses tipos de contato, mais os contatos telefônicos, de forma manual. A integração CTI, neste caso, é praticamente obrigatória. Este tipo de call center multimídia (denominado contact center) é cada dia mais comum, em razão da crescente importância da internet nas comunicações. Esses aspectos serão vistos a seguir.

INFRA-ESTRUTURA

As infra-estruturas prediais e de telecomunicações de um call center são projetadas e equipadas com sistemas de última geração, que possibilitam a obtenção dos melhores resultados. Entre outros itens, destacam-se:

- recursos de alta disponibilidade;
- servidores duplicados;
- atualização em tempo real;
- cabeamentos estruturados;
- redes flexíveis que suportam múltiplos sistemas (voz, dados, vídeo e multimídia);
- energia ininterrupta (uso de no-break e geradores);
- climatização;
- conjunto de fones e controles de audição (head set);
- posições de atendimento com mobiliários ergonômicos (ajustáveis automaticamente).

EQUIPAMENTOS

As parcerias com operadores de acesso aos meios de telecomunicações e os principais sistemas telefônicos equipam as centrais de atendimento, compostas de:

- distribuidor automático de chamadas;

- integração do computador com o sistema telefônico;
- sistemas de acesso e busca de informações no banco de dados;
- scripts pré-programados;
- equipamentos de comutação de dados, com qualidade de serviço (Qos);
- telas de atendimento (front end);
- sistemas de gravação para autenticação e monitoria de qualidade;
- sistemas de gravação "full" e "on-demand", para documentação de transações e negociações;
- tarifador de chamadas;
- Unidades de Resposta Audível (URA).

Esses elementos, presentes nas empresas que são referência em gestão de qualidade, permitem ao empresário maior flexibilidade em suas ações, bem como redução dos custos alocados para manter vivas suas relações com o mercado. Serão apresentados aqui os principais componentes que fazem parte de um call center e a importância da integração computador–telefonia. É claro que a implantação depende da complexidade e dos objetivos da empresa – eles podem estar presentes no seu todo ou em parte. O importante é conhecer as possibilidades, as características de cada opção, para tomar decisões com consciência, otimizando as relações de investimento x benefício obtido.

CTI

CTI é a sigla em inglês para Computer Telephony Integration – Integração entre Computação e Telefonia. É uma tecnologia que une o poder de processamento de informações dos sistemas computacionais com o poder de alcance e acessibilidade dos sistemas de telefonia, pois o telefone ainda é o meio mais fácil e acessível de se comunicar a distância. Nenhum sistema telefônico, porém, atinge sozinho o grau de sofisticação de processamento de informações de um sistema computacional **e tampouco consegue interagir com os mais diversos equipamentos que se utilizam de protocolos IP ou de outros específicos (TSAP, CSTA, TAP, JTAP etc.) para se comunicar.**

A CTI cria o caminho para essa comunicação. A união das duas tecnologias faz que o poder de comunicação interno e externo de uma empresa, bem como sua eficiência e eficácia, aumentem consideravelmente. As aplicações são inúmeras.

Roteamento de chamadas

Esta função é muito empregada em call centers. As informações sobre o cliente são recuperadas em um banco de dados no momento da chamada e esta é encaminhada, juntamente com tais informações, para o agente que, dessa forma, realiza um atendimento altamente personalizado. **Pode-se ainda determinar a ordem de atendimento para determinada chamada, como clientes VIPs, por exemplo, para que sejam atendidos com prioridade.**

Incremento de interatividade

Geralmente, a interatividade é implantada em escritórios para aumentar a eficiência dos usuários de telefonia. As funções telefônicas, complexas para o usuário comum, são transpostas para a tela do PC. Uma interface gráfica amigável torna fácil e rápido o uso de facilidades como redirecionamentos, transferências e conferência.

Relacionamento com clientes

Esta facilidade é empregada por empresas que desejam uma interação direta entre os clientes e os sistemas de informação das organizações. São serviços automáticos, tais como URAs e servidores de fax.

Bancos de dados

O acesso a bancos de dados é uma tarefa essencial em qualquer call center. Neles estão as informações de clientes (e também de clientes em potencial, denominados prospects), bem como o que é necessário para processar pedidos ou registrar chamadas. Para realizar uma integração CTI completa,

Recursos tecnológicos

incluindo a interface a bancos de dados, deve-se verificar qual sistema a empresa utiliza, pois a integração varia conforme o tipo de servidor. Servidores de grande porte da IBM, por exemplo, requerem softwares de emulação de terminal como interface para as aplicações CTI. Outros podem requerer acesso via porta serial RS-232. Há bancos de dados antigos baseados em servidores de arquivos, tais como o Clipper e o dBASE, que exigem tratamento caso a caso. Oracle, Microsoft SQL Server, DB2, Sybase e Informix são sistemas mais recentes, que utilizam servidores relacionais. É necessário, também, identificar os responsáveis pela implementação das interfaces, podendo ser uma empresa integradora que fornece o software de CRM, a fornecedora do middleware CTI, uma integradora independente, ou funcionários da própria empresa.

Screen pop-up

O screen pop-up é uma das funções mais básicas da CTI. Em geral, é a primeira que gerentes e supervisores de call center têm em mente quando desejam integração. Com ele é possível apresentar automaticamente os dados do cliente na tela do aplicativo de CRM (ou de front end) do agente quando este atende a uma chamada. Os benefícios são inúmeros:

- Imagem de profissionalismo e eficiência da empresa, pois o cliente é atendido prontamente por um agente que já tem seus dados cadastrais e histórico de atendimentos anteriores.
- Redução no tempo de atendimento, pois não é necessário perguntar nome, código do cliente etc., nem digitar essas informações para consultar o banco de dados: o screen pop-up já os apresenta automaticamente no front end.
- Transferência e sincronismo de tela, pois, quando um agente transfere uma chamada para outro, os dados do cliente são simultaneamente transferidos e apresentados na tela deste segundo operador. Por exemplo: uma chamada chega para um agente e, na tela de seu PC, pelo screen pop-up, aparecem os dados do cliente (nome, endereço, histórico). O agente vai atualizando os dados durante o atendimento. Em certo momento, o cliente

pede uma informação que o atendente não sabe responder e, então, ele transfere a chamada para outra pessoa. Na tela deste segundo operador aparece o perfil do cliente com as últimas alterações efetuadas. Se não houvesse a transferência de dados, o novo atendente teria de perguntar tudo de novo, provocando insatisfação do cliente e perda de tempo.

- Controle de chamadas a partir do PC do agente, que pode realizar desconexão de chamadas, transferência, consulta, login/logoff, entre outras, numa só aplicação. Podem-se disponibilizar botões na janela do aplicativo, por exemplo, permitindo que todo o controle de chamada seja feito numa única interface gráfica.

O controle de chamadas por meio da CTI também possibilita a automatização de processos durante o atendimento de uma chamada, associando um evento telefônico a uma tarefa no sistema de informação. Por exemplo: às vezes, os agentes deixam de cadastrar no banco de dados algumas chamadas telefônicas atendidas, seja por esquecimento, seja para omitir algum erro. Ao final do dia, são registradas mais ligações do que aquelas cadastradas no banco de dados. Por meio da CTI pode-se implantar uma aplicação que automaticamente cria um registro no banco de dados assim que uma chamada é atendida pelo agente. Ele só é liberado para uma próxima ligação depois que completar o cadastro relativo a esse registro.

Relatórios integrados

Com a CTI, é fácil implementar relatórios consolidando todos os contatos que o cliente efetuou pelo call center com outros tipos de contatos e outros processos que o envolvem. Assim, a empresa toma decisões, detecta necessidades e melhora o relacionamento com o cliente.

Para entender como a integração da CTI com o call center pode trazer benefícios para a empresa, é necessário conhecer seus elementos centrais.

Recursos tecnológicos

SISTEMA DE TELEFONIA

Inclui o PABX (ou Centrex, ou um servidor de telefonia Un-PBX) e os entroncamentos com a rede pública.

SISTEMAS DE INFORMAÇÃO

Inclui bancos de dados, servidores de aplicação para acessá-los e processar seus dados e respectivos clientes. Nestes sistemas estão as preciosas informações sobre os clientes, tanto as básicas quanto as referentes aos melhores, mais lucrativos ou em falta com a empresa, além de históricos de chamadas (quantidade de ligações para reclamar de falhas, efetuar compras etc.). Entre os servidores de aplicação estão os sistemas de CRM e os aplicativos proprietários das empresas.

SISTEMA CRM (CUSTOMER RELATIONSHIP MANAGEMENT)

O CRM não é um produto, e sim uma estratégia de negócios para atender cada cliente conforme suas características e necessidades individuais, visando maximizar sua satisfação e fidelidade. No CRM, além do relacionamento com clientes internos e externos, gerencia-se também aquele estabelecido com fornecedores e parceiros. Nestes sistemas, a integração CTI é altamente desejável, pois agiliza o atendimento e aumenta o poder de gerenciamento dos contatos com clientes pelo telefone. Assim, quando uma chamada chega ao call center, os dados sobre o cliente são disponibilizados e automaticamente atualizados na tela do aplicativo no PC do agente. Vários parâmetros podem ser utilizados como chave para disparar o screen pop-up: um código de identificação solicitado pela URA, o número discado pelo cliente (DNIS), o código de área, o número de tronco, o tipo de chamada etc. Os agentes e supervisores empregam as aplicações de front end ou front office de CRM para:

- visualizar e atualizar dados de clientes;
- registrar chamados;

CALL CENTER: Estratégia para vencer

- controlar o fluxo de atendimento de um cliente por diversos agentes ou diversas áreas (workflow);
- apresentar dados históricos de atendimento;
- apresentar roteiros de atendimento aos agentes, indicando o que eles devem falar;
- disponibilizar bancos de dados de soluções de problemas.

Os sistemas de CRM podem ser usados, inclusive, por pessoas fora do call center, tais como vendedores em campo, os quais aproveitam os dados coletados para definir a abordagem a ser usada com o cliente ou prospect. Os vendedores de campo também inserem dados no sistema para que os agentes possam oferecer um produto ou serviço mais adequado ao cliente, atendendo-o melhor. A integração pode ser implementada utilizando-se:

- middlewares de mercado (baseados em CT Connect, IBM Call Path);
- plataformas CTI;
- middlewares pré-desenvolvidos de parceiros locais;
- middlewares específicos para um projeto.

SISTEMAS DE ERP (ENTERPRISE RESOURCE PLANNING)

Estes sistemas (tais como o R/3 do SAP, Baan, Peoplesoft etc.) são muito utilizados pela equipe que se encontra nos bastidores, realizando trabalhos administrativos e de logística. O pessoal da linha de frente (agentes, vendedores etc.) emprega o CRM, (Gestão de Relacionamento com Clientes). A empresa pode integrar ERP e CRM, pois suas atividades são complementares. As funcionalidades da CTI, (Integração entre Computador e Telefonia) podem ser associadas ao ERP (Planejamento de Recursos Empresariais) com bons resultados.

SERVIDORES DE APLICAÇÃO PRÓPRIOS

Algumas empresas necessitam de servidores de aplicações próprios para gerenciar e automatizar tarefas. Um exemplo são as empresas de energia, que precisam de sistemas para gerar ordens de serviços para cortes e religações, acionamento de equipes de manutenção etc.

Recursos tecnológicos

COMPONENTES

A integração computador-telefonia exige que vários componentes sejam adotados no sistema. É essa arquitetura que será detalhada a seguir.

DAC (Distribuidor Automático de Chamadas)

O DAC (ou seu equivalente em inglês, ACD) é um sistema que recebe chamadas automaticamente, distribuindo-as de forma aleatória ou conforme critérios preestabelecidos para uma Posição de Atendimento (PA) ou um ramal normal da empresa. Nas configurações mais simples, o sistema de DAC enfileira as chamadas por ordem de entrada (primeiro a entrar, primeiro a ser atendido). O cliente é direcionado para o atendente disponível ou ocioso por mais tempo. Sistemas mais sofisticados oferecem recursos para gerenciar vários componentes, de troncos telefônicos até estações de operadores (denominadas chamadores), passando por agentes e demais componentes que integram o sistema de atendimento. O Distribuidor Automático de Chamadas pode ser implementado internamente ao PABX (sigla em inglês para Private Automatic Branch Exchange). O PABX é uma evolução do PBX (Private Branch eXchange). No modelo mais antigo, um operador completava as ligações manualmente. Com a evolução tecnológica, os procedimentos automatizaram-se. Outros componentes utilizados na central de atendimento, como gravadores, URAs e discadores, também podem ser conectados diretamente ao PABX. Sua integração com o ambiente tecnológico é fundamental, uma vez que o PABX detém informações importantes que devem ser compartilhadas com os demais componentes.

Entre os benefícios do DAC, podemos citar:

- Os atendentes em um ambiente DAC (ambiente de Distribuição Automática de Chamadas) são alocados por grupo ou por especialidade: um grupo de agentes trata do mesmo tipo de chamadas.
- Facilidades básicas do DAC podem ser atribuídas por grupo ou especialidade para atender a diferentes necessidades.

- Vinculação de um número específico (geralmente 0800) a um grupo/especialidade do DAC.
- Rapidez no atendimento.
- Nas soluções oferecidas ao mercado, utilizam-se as funções DAC, distribuídas entre o módulo de comutação e os módulos do servidor CTI e recursos de mídia, os servidores de aplicações para contact center (multimídia). Nos DACs de VOIP, essa modularidade deixa de existir, passando a ter uma plataforma integrada por soluções de softwares.
- Otimização no aproveitamento dos recursos humanos.
- Possibilidade de configurações especiais (por exemplo, para atender clientes VIPs).
- Maior interação com os usuários (que podem criar seus próprios padrões de eficiência).
- Variados níveis de sofisticação. É possível especificar ampla gama de parâmetros para estabelecer a ordem de atendimento e a distribuição das chamadas.

Ao mesmo tempo que processa chamadas, o DAC pode fornecer ao supervisor informações em tempo real sobre o tráfego na rede, o status de determinados grupos e até o de um operador em particular. Também permite avaliar o desempenho dos agentes para ajudá-los a solucionar problemas mais complexos. Estatísticas exibidas nas estações ou em um quadro de avisos contribuem para que os atendentes administrem seu próprio tempo com eficiência. Os relatórios gerados detalham ligações e o tráfego de call center, o número de telefonemas recebidos e atendidos, o maior tempo de espera para uma chamada, a duração média de cada uma etc.

Roteamento por habilidades

O roteamento por habilidades (conhecido no mercado por seu nome em inglês, Skill Based Routing) é uma evolução do DAC. O DAC original possui mecanismos simples de distribuir chamadas a agentes e, em geral, atende aos requisitos básicos de um call center. A função DAC do MD110 da Ericsson, por exemplo, possui um sistema interno de roteamento por habilidades simplificado. Porém, em determinadas aplicações, o sistema de roteamento básico é insuficiente para atender às necessidades do cliente: torna-se necessário evoluir para o roteamento por skills. O Solidus eCare, solução implementada pela Damovo do Brasil, realiza esse tipo de roteamento. O Simposium da Nortel executa as mesmas funções e, nas soluções da Avaya e da Siemens, a vetorização se dá dentro do próprio DAC. É possível rotear tanto as chamadas que entram quanto as que são disparadas. No caso das chamadas entrantes, por exemplo, o programa analisa alguns dados previamente especificados (número do chamador ou número discado; hora em que chega a ligação; status dos agentes do call center; perfil do cliente etc.) e encaminha a ligação para um operador com a melhor habilidade para atendê-la, que pode ser, por exemplo, aquele mais experiente ou mais paciente, que fale inglês, entenda de informática etc. O sistema, caso seja mais adequado, desvia a ligação para uma URA ou para algum outro número. Por exemplo: um cliente importante liga do Nordeste para um 0800 e quer comprar um notebook. Sendo cliente, suas informações estão no banco de dados da empresa. Sua chamada, ao chegar ao call center, será analisada e seu perfil recuperado pela solução de vetorização, para que o operador disponível mais adequado atenda-o. Resultado: a ligação cairá diretamente em um agente com seu sotaque, que conhece suas expressões regionais e domina informática para poder recomendar a melhor configuração de notebook. No caso do roteamento de saída, o status dos agentes é controlado automaticamente, tornando-os disponíveis para atender a chamadas de saída ou de entrada conforme a necessidade. O tempo dos agentes (ativos e receptivos) é, dessa forma, otimizado.

URA (Unidade de Resposta Audível)

A Unidade de Resposta Audível é um equipamento essencial para um call center, pois provê serviços automáticos para os clientes que ligam. Uma URA bem projetada permite resolver dúvidas e fornece informações sem necessidade de intervenção de agentes. Ela também permite a identificação do cliente por meio do seu número de telefone ou ainda por um código digitado no processo de atendimento, poupando tempo de todos os envolvidos. Algumas URAs possuem módulos de CTI que podem ser utilizados para implementar as funcionalidades requeridas pelo cliente. Geralmente, é necessário realizar ajustes nos sistemas já existentes, adaptando-os às necessidades específicas de cada empresa. Um dos recursos que a URA pode disponibilizar é o reconhecimento de voz. Esta facilidade pode ser uma solução para evitar menus extremamente longos, com muitos níveis, que acabam confundindo ou irritando o cliente, além de desperdiçar tempo de ligação. É mais confortável dar comandos de voz em vez de teclá-los, principalmente quando se liga de um celular. O reconhecimento de voz pode ser discreto (quando o equipamento só reconhece os algarismos e alguns poucos comandos) ou natural (quando o equipamento pode entender mais palavras ou frases inteiras, como se conversasse com a pessoa). Uma URA é diferente de uma máquina segmentadora pura. Esta máquina oferece um menu falado ao cliente e, em função da opção selecionada, transfere automaticamente a ligação para o agente. São os casos em que se ouve: *Para vendas, digite 1; para suporte, digite 2* etc. A URA também pode desempenhar este papel, mas com mais inteligência. Sua principal função é acessar bancos de dados para prover serviços de informações automáticos, tais como saldo pelo telefone, ou pedidos de compra sem intervenção humana, ou seja, funções de auto-atendimento.

Correio de voz

O correio de voz também pode se integrar à URA. Enquanto o cliente aguarda atendimento, a URA lhe oferece a opção de gravar uma mensagem no correio de voz. As mensagens são, posteriormente, encaminhadas para um agente específico.

Discadores automáticos

O discador automático encarrega-se de discar para um número a partir de uma lista de clientes, aguarda o tom de discagem, espera que alguém atenda e, em caso de sucesso, transfere a chamada para um agente livre. Ele também deve ter a capacidade de lidar com diferentes situações de atendimento (progresso da chamada): identificar que o telefone de destino está ocupado, que ninguém atende, que o atendimento foi feito por secretária eletrônica ou por máquina de fax. A chamada só deve ser transferida para um agente quando uma pessoa atender; caso contrário, o discador realiza novas tentativas em intervalos predefinidos. Os discadores trabalham com campanhas, que são processos especificados pelos gerentes ou supervisores visando cumprir uma estratégia determinada de venda ou promoção de produto. Para cada campanha definem-se listas de clientes a contatar, a hora da chamada e quais agentes devem participar do processo.

Tipos de discadores

Preview Dialer: neste tipo de discador, o agente controla o disparo da chamada, pré-visualizando o nome do cliente que será chamado. Um aplicativo pode abrir uma janela no PC do agente, exibindo os dados cadastrais e/ou históricos de contato daquele cliente (se estas informações existirem), e oferecer ao operador a opção de iniciar ou não a chamada. Caso ocorra a autorização, a discagem inicia-se automaticamente. É o tipo mais simples e menos eficiente de discagem, empregado apenas nas situações em que exista a necessidade de um controle maior por parte do agente antes da discagem.

Power Dialer: é capaz de realizar um volume de chamadas de saída muito maior que o Preview, discando automaticamente para os clientes sem autorização dos agentes. Ele dispara chamadas conforme as listas fornecidas e transfere-as para o grupo de agentes; se houver operador livre, a conexão é efetuada; caso contrário, a chamada entra em fila. Os discadores Power geralmente só disparam chamadas quando detectam que há um agente livre. Os mais sofisticados usam dados estatísticos para determinar a quantidade de chamadas que serão disparadas assim que constatam posições de atendimento livres.

Predictive Dialer: é o mais sofisticado e eficiente dos discadores. Ele calcula a probabilidade de haver agentes livres em cada instante futuro e dispara o número ideal de chamadas baseado nesse cálculo. Para tanto, utiliza algoritmos complexos, conforme estatísticas para "predizer o futuro" e discar no tempo certo, diminuindo o perigo de não encontrar operador livre no momento da transferência. Por exemplo: em dado instante, todos os agentes estão ocupados com chamadas. Baseado em dados histórico-estatísticos de desempenho de atendimento, o Predictive Dialer determina o momento em que deve iniciar uma nova chamada, ainda que todos os agentes estejam ocupados, de maneira que garanta, ao completá-la e transferi-la, que as chances de um agente estar pronto para o atendimento sejam grandes.

Tarifador de chamadas

O Sistema de Gerenciamento Telefônico, conhecido como tarifador, coleta dados provenientes de uma central telefônica privada (DAC) e processa-os de forma conveniente para obter informações técnicas, gerenciais e financeiras sobre a utilização dos meios de comunicação disponíveis na empresa, permitindo controle das chamadas de saída por faturamento, projeto, atendente e degrau tarifário. O sistema de tarifação registra e oferece relatórios com informações como data e hora da chamada, origem e destino, tempo de duração, posição de atendimento ou agente que a realizou, e, associando aos valores do degrau tarifário das chamadas, informa os valores correspondentes da ligação efetuada.

Servidor de fax

Existem basicamente duas aplicações para servidores de fax em call centers: inbound fax (fax de entrada) e fax on demand (fax sob demanda). O inbound fax distribui para os agentes os faxes enviados pelos clientes, como se fossem chamadas de voz. Já o fax on demand envia um fax quando o cliente o pede pelo sistema URA. Por exemplo: solicitação de um saldo em conta corrente; catálogo ou informações de um produto; formulários etc. A URA coleta em um banco de dados as informações pedidas e utiliza o servidor de fax para enviá-las automaticamente ao cliente.

Gravador digital

Inicia gravações de chamadas automaticamente, que podem ser interrompidas quando necessário (por exemplo, quando o atendente faz uma consulta ao supervisor). A gravação reinicia-se quando o contato com o cliente recomeça. A análise das gravações permite aprimorar os scripts, capacitar melhor os operadores e diagnosticar ocorrências mais freqüentes.

Gerenciador de redes SNMP

Recebe alarmes de elementos da rede como o PABX, os servidores de aplicações e bancos de dados, os equipamentos de dados, URAs etc., desde que sejam compatíveis com o protocolo SNMP.

INTERNET

Praticamente toda empresa possui ou pretende possuir um site na internet. No Brasil, com o crescimento exponencial de pessoas que têm acesso à rede mundial, a tendência é que os contatos de clientes aos contact centers por e-mail, chat e voz sobre IP aumentem. É inconcebível perder uma venda ou deixar um cliente insatisfeito por não responder a um e-mail rapidamente ou por não disponibilizar contatos alternativos às novas tecnologias. Estas inovações trouxeram novos desafios para o call center:

- Como tratar e-mails com eficiência, encaminhando-os para o agente adequado?
- Como conviver com chamadas telefônicas, e-mails, chats e voz sobre IP que chegam simultaneamente?
- Como gerenciar todos esses contatos?

A resposta está nas tecnologias que permitem tratar os contatos via internet do mesmo modo que as chamadas telefônicas.

Web call center

Existem muitas ferramentas na internet que facilitam as relações cliente–empresa. No entanto, várias pessoas ainda se sentem mais seguras e confortáveis ao entrar em contato com outra pessoa em vez de com máquinas — por isso, surgiu o web call center. É bom lembrar que quem escolhe como deseja se comunicar é o cliente, especialmente na hora de comprar produtos ou optar pelo serviço de que necessita. Alguns gostam da privacidade do self-service, outros de um chat com um agente antes de se decidir. Um estudo recente da Jupiter Communications mostra que 90% dos clientes preferem alguma interação humana durante uma transação no comércio eletrônico. O toque humano, portanto, pode fazer a diferença na sustentação da imagem empresarial pela web perante o cliente e ser decisivo na opção de compra.

Web collaboration

Com esta facilidade a empresa envia páginas da web para o cliente. Em alguns casos, o agente pode monitorar as páginas que o cliente está acessando. Por exemplo: se a pessoa está em uma página sobre computadores e tem uma dúvida, ela clica em um link de ajuda on-line e inicia uma sessão de chat com o operador. O cliente digita a pergunta e o agente pode tanto responder quanto enviar, também, uma página da web relacionada ao assunto. O usuário verá surgir uma página "do nada" em seu computador. O mesmo pode ser realizado com pedidos de compra: envia-se o formulário de pedido e orienta-se o cliente para seu correto preenchimento.

Web call back

Esta é outra alternativa para o cliente comunicar-se com um agente do call center. No site da empresa existe um link com um texto do tipo "Ligue para mim". Ao clicar nele, surge uma página na qual o cliente digita seu nome, um número de telefone para contato e o horário em que deseja receber a ligação. Pode adiantar, também, o assunto a ser tratado. Na hora marcada, receberá a ligação de um operador da empresa, pois o programa que automatiza este processo cuida de tudo: disparar a chamada no momento certo, transferir para o atendente adequado, colocar na tela os dados do cliente etc.

Serviços de auto-atendimento pela web

São serviços que não requerem intervenção humana, como, por exemplo, as FAQs (Frequent Asked Questions) em que o cliente consulta uma relação

Recursos tecnológicos

de perguntas e respostas para esclarecer suas dúvidas. Um exemplo mais avançado de auto-atendimento pela web é o "Agente Virtual": o usuário navegando pelo web site da empresa recebe a opção de iniciar uma sessão de chat. Porém, em vez de trocar mensagens com um agente humano, interage com uma base de dados, colocando suas dúvidas em linguagem natural. O "Agente Virtual" analisa as palavras-chave do texto e a sintaxe da frase, identifica a dúvida do cliente e apresenta a resposta disponível.

Chat

Um cliente que navega na internet pode iniciar uma sessão de conversa por meio de texto em tempo real com um agente. O chat é o mecanismo utilizado em salas de bate-papo de sites como http://www.uol.com.br ou http://www.starmedia.com.br. No caso do call center, o chat é um meio de contato entre clientes e empresa para agilizar, com qualidade, o atendimento. O atendente pode se conectar com vários clientes ao mesmo tempo e, em alguns sistemas, o conteúdo da conversa pode ser enviado por e-mail se isso for solicitado. Também é possível formatar roteiros com respostas pré-digitadas, garantindo padronização e rapidez no atendimento.

COMPONENTES DA INTEGRAÇÃO INTERNET E CONTACT CENTER

Servidor web

Disponibiliza as páginas web que são acessadas na internet ou em intranets. Contém arquivos no formato hipertexto (arquivos que remetem a outros arquivos ou sites na internet/intranet).

Firewall

Sistema que protege a rede de comunicação informatizada, principalmente os servidores, da empresa contra acessos de pessoas não autorizadas, sejam

CALL CENTER: Estratégia para vencer

de fora dela ou usuários internos. Também filtra os acessos que os usuários internos têm aos recursos externos (como a internet). O firewall atua como um "porteiro" que controla a entrada e a saída de dados entre a internet e a rede privada. O servidor de firewall pode incluir também um servidor Proxy, que analisa previamente os pacotes enviados à internet, bloqueia determinados endereços etc.

Servidores e-commerce

Contém aplicações para criar páginas de comércio por meio da web e também para processar os pedidos e pagamentos pela internet, provendo mecanismos de segurança e criptografia. Assim, o cliente pode digitar o número de seu cartão de crédito em uma página web ao fazer uma compra sem risco de outras pessoas acessarem esse número indevidamente.

Roteamento de e-mails

Os e-mails são direcionados a agentes de acordo com o assunto ou o corpo da mensagem. Softwares analisam palavras-chave contidas no campo "Assunto" ou dentro do texto do e-mail para realizar essa tarefa. Por exemplo: se no campo "Assunto" estiver escrito "Suporte", "Problema" ou "Técnico", o e-mail é encaminhado para o grupo de suporte técnico. Um e-mail com as palavras "Compra", "Preço" ou "Pedido" é encaminhado para o grupo de vendas. O programa também permite enviar respostas automáticas conforme as palavras-chave encontradas.

Roteamento multimídia

Diferentes meios de contato com o call center (e-mail, chat, voz sobre IP, fax) podem ser gerenciados em conjunto com as chamadas de voz. Assim, quando chega um e-mail, este pode ser roteado conforme o assunto para o agente mais bem habilitado para respondê-lo; simultaneamente, o ramal desse agente deixa de receber chamadas até que o e-mail seja respondido.

Recursos tecnológicos

Sistema bloqueador

Um sistema integrado permite ao agente atender a chamadas telefônicas, e-mails e chat. O sistema pode bloquear o envio de outras chamadas para esse operador enquanto ele estiver respondendo a um usuário (seja por e-mail, chat ou outras vias), para que ele atenda o cliente com exclusividade, sem risco de se confundir. Além disso, os supervisores podem ter relatórios consolidados do tempo de atendimento de e-mails ou chats e outras estatísticas de eficiência.

Servidor de mensagens unificadas

Esse servidor permite aos usuários acessar mensagens de voz, fax e e-mail a partir de uma única caixa postal. A Damovo, por exemplo, utiliza o OneBox da Ericsson na solução empregada em alguns contact centers. Há possibilidade de se integrar também o OneBox à URA para apresentar opções de correio de voz e fax aos clientes (esta integração deve ser analisada caso a caso, conforme o tipo de URA, funcionalidades requeridas etc.).

Call centers habilitados para web x web sites habilitados para call center

Existe uma diferença entre habilitar um contact center com funcionalidades web e habilitar um web site com funcionalidades contact center. No primeiro caso é oferecida ao contact center uma "janela" no web site e utiliza-se a internet para incrementar a eficiência das interações realizadas pelo contact center. Entretanto, a central de atendimento não deve operar pressupondo que todos os usuários tenham visitado o web site. Alguns, talvez, nem tenham acesso à internet. Nos web sites habilitados para contact center, as centrais de atendimento são tipicamente utilizadas como becapes para a solução de problemas que não foram resolvidos no web site. Resultado: aumenta a taxa de sucesso nas transações pela web. Este último ponto é muito importante, pois vários estudos indicam que um número significativo de clientes que colocam mercadorias em seus carrinhos de compra desiste da transação ou da informação que procurava por falta de suporte adequado em tempo real.

Independentemente da tecnologia escolhida, os analistas são unânimes a respeito da necessidade de integração entre o web site e a central de atendimento.

A presença humana

O mundo da informação tem como meta alcançar a excelência quanto à qualidade, quantidade, segurança, velocidade e convergibilidade. Outras variáveis podem ter relevância específica para alguns projetos determinados, porém tudo gira ao redor desses cinco itens básicos. A tecnologia, como facilitadora das atividades do homem, encontra na união da telefonia com a internet e a computação um campo cujos limites se ampliam a cada oito horas. Neste momento, em algum laboratório de pesquisa, um novo condutor, uma nova forma de compressão de dados, uma nova solução, uma nova versão de processador estão sendo desenvolvidos e entrarão no mercado com grande rapidez. Assim, os profissionais enfrentam uma verdadeira corrida pela atualização e capacitação no uso desses recursos.

O call center, que hoje já evoluiu para contact center, iniciou suas atividades como uma central telefônica. Agora, possui uma complexidade que busca atender a todas as mídias disponíveis na atualidade, e é possível vislumbrar o dia em que os contact centers atenderão às projeções de imagens holográficas nas conversações com consumidores e clientes. E por que se investe em pesquisa tentando viabilizar tais projeções? É porque, apesar das facilidades que a tecnologia fornece, o contato humano ainda é insubstituível nas relações entre as empresas e entre estas e seus clientes.

Vive-se hoje uma era em que a tecnologia é tratada como commodity. É possível comprá-la: não se trata mais de uma exclusividade de alguns. Existem diversas soluções e aplicações disponíveis nos birôs de call e contact center. São aplicações tecnológicas que incluem hardware e software, mas, acima de tudo, valores humanos e profissionais competentes para aplicar a estratégia mais adequada a cada demanda do mercado.

Conceitos fundamentais

Escolhendo a mídia

Conforme salienta Roberto Meir, editor da revista *Consumidor Moderno*, o custo de manter contato com os clientes varia — e muito — conforme o veículo empregado. Por carta ou fax pode chegar até a US$ 12; por telefone, fica entre US$ 4 e US$ 5. Por e-mail, este custo cai para menos de 6 centavos de dólar – e, se for por um site na internet, chega a ser insignificante.

Cabeamento estruturado

Um sistema de cabeamento estruturado é a plataforma universal que permite à empresa implantar uma estratégia global de sistema de informações. Uma infra-estrutura flexível de cabeamento pode suportar múltiplos sistemas de voz, dados, vídeo e multimídia, independentemente de seus fabricantes. Concebida em topologia estrela, cada estação de trabalho conecta-se a um ponto central, o que facilita a administração e a interconexão do sistema. Além disso, este enfoque permite, virtualmente, comunicação com qualquer dispositivo, em qualquer lugar, a qualquer momento.

CAPÍTULO 6

Telemarketing ativo-prospectivo

Sempre que a empresa toma a iniciativa de contatar seus clientes, parceiros, fornecedores ou consumidores de maneira sistemática, programada e direcionada, o telemarketing ativo entra em ação. Ele é uma ferramenta muito utilizada na comercialização, ações de vendas e campanhas promocionais, além de servir, também, para outros propósitos. Emprega-se, nestes casos, um mailing (lista de contatos) previamente estruturado. Para alcançar resultados melhores, é importante que se adotem no telemarketing ativo processos ordenados de qualificação deste mailing, integração com sistemas utilizados e desenvolvimento de aplicativos específicos (como a discagem predictiva, telas de atendimento – front end – amigáveis etc.). Este capítulo abordará os aspectos relacionados com o telemarketing ativo-prospectivo naqueles pontos que o diferenciam de outras ações e estratégias de relacionamento com os clientes.

O CIRCUITO EMPRESARIAL

O processo de telemarketing ativo tornou-se mais importante com as mudanças sofridas no circuito empresarial através dos tempos. Antigamente, uma empresa que produzia um bem durável percorria um circuito de produção com passos bem conhecidos e preestabelecidos, como, por exemplo, o caminho seguido pela indústria automobilística para produzir um automóvel:

1. Pesquisa de mercado em campo.
2. Tendências técnicas.
3. Produção do veículo.
4. Estocagem.
5. Capacitação da equipe de vendas.
6. Abertura e manutenção de canais de distribuição (revendas).
7. Propaganda para informar, motivar e atrair o consumidor até a revenda para conhecer o modelo e, por fim, comprá-lo.

O cliente saía da revenda para casa e voltava periodicamente para as revisões programadas. Aos poucos, a rotina tornava a freqüência e o contato com o canal de venda cada vez menores. Se satisfeito, voltava dois anos mais tarde, em média, para adquirir um novo modelo. Em seguida, o ciclo se repetia. Hoje, é tudo diferente. As empresas adotam uma estratégia mais ativa e interativa, pois é preciso atingir metas precisas, com otimização das atividades e redução de custos. O consumidor é ouvido a todo momento, e o circuito percorrido pelas empresas tornou-se mais específico:

1. Pesquisa de satisfação por meio de telemarketing (por telefone ou e-mail).
2. Elaboração de painel de tendências e satisfação para orientar os próximos lançamentos.
3. Preparação dos modelos.
4. Motivação da força de vendas, em cooperação com as revendas, com suporte do telemarketing.
5. Uso do cadastro de clientes que demonstraram bom índice de satisfação com a marca para informar, por meio do telemarketing ativo, sobre os novos modelos.

CALL CENTER: Estratégia para vencer

6. Personalização do atendimento, também por meio do telemarketing (compra com opções para escolha da cor preferida, acessórios prediletos etc.).

7. Oferta de senha para o consumidor fazer um test-drive na revenda mais próxima por ele indicada e, finalmente, fechamento da venda.

8. Retroalimentação (feedback) do processo: com a venda realizada e de posse das especificações indicadas pelo cliente, produz-se o veículo com as características escolhidas. A revenda programa-se para o dia da entrega.

9. Após a entrega do carro, inicia-se a operação de pós-venda: chamada de boas-vindas da fábrica, oferta de acessórios suplementares, seguros etc.

10. Lembrete ao cliente, com a antecedência por ele solicitada, das revisões necessárias, já programadas e registradas no banco de dados. No dia combinado, a concessionária busca o veículo e deixa outro para substituição temporária, até a revisão estar pronta. A própria assistência técnica já está devidamente informada das ocorrências, anotadas pelo próprio cliente — com sua senha — na página da concessionária na internet.

11. Época de troca: inicia-se outra campanha de telemarketing ativo, com novas ofertas e opções para o cliente, que vem sendo acompanhado e monitorado pelo sistema.

Resultado: maior satisfação do consumidor e fidelização à marca.

Com as adaptações necessárias aos diversos segmentos econômicos e ao ciclo de vida do produto ou serviço, esta estrutura repete-se em vários setores produtivos.

ELEMENTOS BÁSICOS

Um bom projeto de telemarketing ativo reúne alguns elementos básicos:
- plano estratégico, com objetivos e metas bem definidos;
- cadastro de clientes confiável e atualizado;
- clara definição do produto, serviço ou mensagem a oferecer;

- capacitação de todos os setores envolvidos para que a empresa se torne colaborativa;
- um call center bem equipado, bem treinado e motivado.

Planejamento estratégico

O planejamento do telemarketing, além de todos os fatores já analisados, envolve alguns passos que a empresa ou o funcionário responsável pela sua implementação devem seguir. São definições fundamentais para o sucesso da operação.

Objetivos

O que a empresa deseja com o telemarketing ativo? Vender um produto ou serviço? Divulgar sua imagem? Realizar um esforço de pós-venda? Efetuar uma pesquisa? Atualizar um cadastro? Fazer follow up (acompanhamento)? Muitas vezes, a campanha de telemarketing não atinge resultados satisfatórios porque a empresa não possui objetivos claramente definidos, ou apresenta múltiplas metas para atacar com uma só abordagem – o que reduz a eficiência do esforço do operador, pois a mensagem tende a ser confusa.

Infra-estrutura

Do planejamento consta um estudo consistente comparando as várias opções possíveis para implementar a estratégia de telemarketing (contratação de operadores, terceirização, consultoria etc.). É uma análise das relações custo x benefício. Nesta etapa verifica-se também o entrosamento dos vários setores da empresa, se estão em sintonia para operar sem choques. Por exemplo: de nada adiantará o telemarketing realizar as vendas se os departamentos de estoque e entrega não cumprirem os prazos prometidos.

Investimentos

Aqui cabe alocar os recursos a aplicar em cada etapa do telemarketing, seja na contratação de uma empresa terceirizada (investimento global), seja de forma setorial (implantação interna). Neste último caso, é necessário es-

pecificar verbas para recursos humanos, tecnologia, equipamentos, suporte técnico, monitoria, controles etc.

Cronograma

Os objetivos são estabelecidos de forma quantitativa, a curto, médio ou longo prazo. Só assim será possível medir o retorno, analisar os desafios e efetuar correções de estratégia, caso necessário. O cronograma é flexível para incorporar aspectos não considerados eventuais. São as chamadas variáveis incontroláveis do macromarketing, tais como: mudanças legislativas, catástrofes climáticas e outras ocorrências imponderáveis.

Operacionalização

Inclui estudo do perfil do público-alvo, seleção de mailing, elaboração do script, capacitação dos profissionais, pré-testagem do sistema e acompanhamento dos eventos.

Um bom planejamento de telemarketing deve responder a cinco perguntas básicas, cuja ordem não se encontra, aqui, por prioridade. Todas são igualmente importantes.

O quê? – É a mensagem, aquilo que se deseja transmitir ao cliente que está sendo chamado pelo call center.

Como? – É o meio utilizado para interagir com o cliente. Pode ser telefone, e-mail, carta, fax, ou até mesmo alguns ainda não usuais, como a televisão interativa.

Quanto? – É a freqüência com que se busca o cliente. Essa freqüência – ou calendário de programação – depende dos objetivos, do produto, serviço ou mensagem formatada.

Quando? – É o momento de entrar em contato. Define-se aqui não só o período do calendário (época do ano, por exemplo), como também o dia da semana e o horário. Outras variáveis influem nessa decisão; são os chamados fatores temporais de perfil – contatar após o (ou antes do) aniversário, casamento, nascimento de filho, formatura, viagem, aquisição de um bem etc.

Quem? – A resposta a esta pergunta fornece o perfil do público-alvo. É, na verdade, o detalhamento do mailing, da listagem do banco de dados. Conhecendo este perfil, define-se a melhor linguagem para abordar o cliente, por exemplo. Escolhe-se, também, a argumentação que surtirá maior efeito.

Checklist

- O produto ou serviço a ser oferecido está bem definido?
- Os objetivos de vendas estão bem claros para a equipe?
- O cadastro de possíveis clientes é suficiente para os objetivos propostos? É compatível com eles?
- O cadastro foi atualizado previamente e está pronto para ser utilizado?
- O script, isto é, o roteiro da abordagem, foi bem estruturado e suficientemente pré-testado?
- Os operadores foram treinados para comandar a operação com segurança e clareza?
- A equipe está motivada?
- O planejamento técnico previu o suporte adequado para os horários de pico?
- Os operadores estão aptos a enfrentar um quadro testado de objeções?
- O dimensionamento da equipe e da estrutura foi bem realizado?
- A logística para que o produto ou o serviço cumpra a promessa feita durante a venda está funcionando com qualidade?

QUEM É QUEM NO TELEMARKETING ATIVO

O segredo do sucesso no telemarketing ativo não está somente na tecnologia empregada, nos softwares aplicados ou mesmo na escolha certa dos parceiros. Está também no modo de fazer, na maneira como as pessoas envolvidas nas ações atuam e como seu trabalho está orientado. Nos capítulos anteriores já foram abordadas algumas funções presentes em qualquer operação de telemarketing, call ou contact center. Aqui serão vistos alguns elementos específicos e as habilidades necessárias para desempenhar os processos de telemarketing ativo com padrões de excelência.

CALL CENTER: Estratégia para vencer

Recursos humanos

Seleciona pessoas adequadas ao projeto, com facilidade para assimilar as informações sobre a mensagem a ser transmitida.

Capacitação/treinamento

Orienta sobre técnicas de postura, colocação de voz, persuasão, abordagem, fechamento de negócios, psicologia do cliente, meios de superar objeções, entre vários outros fatores.

Planejador de script

Elabora o roteiro e acompanha sua aplicação para fazer correções e aperfeiçoamentos, sempre que necessário.

Operador

Fornece informações sobre o produto ou serviço a ser oferecido. Realiza a abordagem com argumentos de vendas ou informações especialmente desenvolvidos para a tarefa.

Auxiliar de central

Elabora a escala de trabalho de operadores e supervisores conforme fluxo de ligações. Evita que ocorram interjornadas, ociosidade ou falta de operadores em determinado horário. Efetua a monitoria da qualidade e feedback (resposta/retorno). Transmite segurança, energia, domínio técnico, comunicação, fraseologia e cordialidade para o quadro operacional.

Supervisor

Orienta a força de vendas para otimizar o desempenho, a disciplina e o bem-estar da equipe. Presta esclarecimentos sobre o produto e repassa informações atualizadas para a empresa.

Telemarketing ativo-prospectivo

Coordenador

Responsável por orientar e ajustar as atividades da área de telemarketing de uma empresa de call center. Analisa os trabalhos realizados por sua equipe, verificando o desempenho das atividades. Compara os resultados alcançados com os padrões de atendimento preestabelecidos. Realiza as correções necessárias e aperfeiçoa os métodos existentes para prestar um atendimento de qualidade e cumprir as metas. Preserva a imagem dos produtos e serviços da empresa. Soluciona problemas técnicos ou os remete para as áreas competentes e responsáveis. Em resumo: faz de tudo para evitar interferências no bom desempenho dos trabalhos.

Teoria & Prática

No telemarketing ativo, um dos grandes desafios é superar a barreira, natural, que muitos clientes apresentam a este tipo de contato. Por ser independente da vontade do receptor, ele é altamente invasivo. Alguns cuidados, portanto, são absolutamente necessários para ultrapassar tais desafios. Na vida comum, nos diálogos que ocorrem em diversas situações, as pessoas envolvidas emitem juízos, realizam raciocínios e decidem se determinados conceitos ou situações são falsos ou verdadeiros. Esta última habilidade do ser humano chama-se discernimento. Estas três capacidades (emitir juízos, raciocinar e discernir) devem entrar em ação no momento em que o operador está trabalhando, para evitar ruídos na comunicação. Mas o que são esses tais "ruídos"? Muitos pensam que são "barulhos" simplesmente. Um avião que passa, uma criança chorando, um cachorro latindo, uma música muito alta ou qualquer outro som que dificulte o diálogo... É verdade: estes também são ruídos de comunicação. Mas o conceito de ruído é um pouco mais amplo. Ele engloba toda e qualquer interferência que impeça o entendimento e a resposta entre as partes envolvidas. Por exemplo: um termo em inglês para uma pessoa que não conhece esta língua é um "ruído" de comunicação, pois ela não saberá o que foi dito. Existem muitos exemplos engraçados de ruídos na comunicação, principalmente quando se pensa estar falando com uma pessoa e na verdade quem está na linha é outra... Em situações-limite, o ruído impede por completo a comunicação: ela se rompe, sem que seus objetivos sejam atingidos. Uma ligação para um número errado, por exemplo, cai neste caso. Para evitar ou, pelo menos, reduzir os ruídos, o operador de telemarketing conta com o suporte de várias técnicas, que se iniciam na própria seleção do mailing e continuam na elaboração de um bom roteiro. Um script bem escrito tenta, passo a passo, monitorar se a comunicação ocorre conforme o esperado. O próprio operador, utilizando seu bom senso, confere a existência ou não de ruídos, sempre que necessário. Por exemplo: se após dar uma informação o cliente pergunta, novamente, a mesma coisa, é necessário verificar o porquê dessa ocorrência. A informação não foi clara? O conteúdo extenso ou complexo em demasia? O vocabulário inacessível? Ou o cliente estava desatento? Neste caso, por quê? Enfim, ao investigar tais elementos, é possível otimizar as respostas do telemarketing, lembrando, também, que falta de resposta é uma resposta.

Conceitos fundamentais

Ambiente

Um ambiente agradável, silencioso, confortável, isento de pressões e com planejamento ergonômico propiciará que as metas sejam atingidas. Condições adversas influem negativamente no desempenho da equipe.

Rede de ações

Para que o telemarketing ativo realmente contribua para que os objetivos da empresa sejam atingidos, é necessário estruturar uma rede de ações que produzam um ambiente colaborativo. Tudo deve colaborar para que o relacionamento entre operador, que é a imagem viva da empresa, e cliente seja construído com simpatia e objetividade.

Cliente

Domina as informações sobre o mercado e sobre o produto/serviço, para oferecer subsídios que permitam uma capacitação adequada de operadores e supervisores.

Otimizando a comunicação

- Selecionar um emissor eficiente.
- Elaborar uma mensagem de impacto.
- Escolher meio e código adequados.
- Ficar atento ao receptor (público-alvo).
- Monitorar o feedback (resposta/retorno).

CAPÍTULO 7

Telemarketing receptivo-proativo

O telemarketing receptivo é uma operação direcionada ao relacionamento da empresa com os seus clientes. A empresa disponibiliza meios de contatos, que podem ser telefone, e-mail, fax, internet (voz sobre IP, chat e navegação colaborativa) e caixa postal, para serem utilizados pelo público. Nos sistemas mais avançados, não importa o meio escolhido pelo cliente: todos recebem tratamento igual, ingressando naquilo que é chamado de fila universal. Uma central de atendimento encarrega-se de receber os contatos e distribuí-los aos operadores, que atenderão com a mesma eficiência a um chamado telefônico, responderão a um fax ou a um e-mail, manterão um diálogo pela "janela" ou "chat" de um site (internet) ou até mesmo responderão a uma carta tradicional. Este sistema que permite acessar e processar diferentes mídias chama-se convergência de tecnologias e propicia mais eficiência e qualidade no tempo de resposta. Este e outros temas a respeito do telemarketing receptivo/proativo são os assuntos deste capítulo.

O objetivo do telemarketing receptivo é atender bem a qualquer solicitação dos clientes, pois essa pode ser a diferença que manterá um cliente satisfeito e fiel a uma marca ou a um serviço. O telemarketing receptivo é um grande instrumento para promover a fidelização dos clientes a uma marca ou a um ponto-de-venda. Hoje, segundo a Pró-varejo, o índice de fidelização para com as marcas está por volta de 23% e para com os pontos-de-venda alcança somente 3%. Portanto, mais do que fidelizar, refidelizar é a grande meta. O telemarketing receptivo torna os clientes mais satisfeitos, pois abre um canal de comunicação fácil, ágil e rápido para atender plenamente às necessidades dos consumidores, esclarecer dúvidas e realizar expectativas. Além disso, evita que eles busquem a concorrência para obter informações. Entre os vários setores de aplicação destacam-se:

- Serviços essenciais (água, luz, gás, combustível, saúde, polícia etc.)
- Alimentos
- Automóveis
- Cias. aéreas
- Complemento de moda
- Confecção
- Editoras
- Educação a distância
- Eletrodomésticos
- Fármacos
- Financeiro
- Franquias
- Hotelaria
- Seguros
- Telefonia (auxílio à lista, serviços de reparo e instalação etc.)

CARACTERÍSTICAS DA EMPRESA COM TELEMARKETING RECEPTIVO DE QUALIDADE

- Facilita os meios de acesso aos seus clientes.
- Possui equipe especializada para responder por ela.
- Mantém mecanismos de ação acionados imediatamente pela

central de atendimento para resolver qualquer ocorrência com o produto ou serviço.

- Soluciona imediatamente uma demanda, atuando proativamente e protegendo o serviço, sua marca e seu mercado.
- Atende rapidamente ao consumidor, fortalecendo seu elo com ele e com aqueles que estão sob seu âmbito de influência.
- Acrescenta conhecimento real sobre a qualidade dos seus serviços e dos seus produtos.

Entre os principais destaques do telemarketing receptivo encontram-se as centrais de atendimento.

CENTRAIS DE ATENDIMENTO

Os telefones das centrais de atendimento, conhecidas por SAC (Serviço de Atendimento ao Consumidor), CAC (Central de Atendimento ao Consumidor) ou outras similares, geralmente estão impressos nas embalagens dos produtos de consumo. São números de acesso gratuito (0800) ou pagos pelo próprio consumidor. Estes últimos são, geralmente, empregados por algumas empresas para ligações provenientes da mesma praça onde elas se encontram. Ambos os acessos são direcionados para um departamento específico da própria empresa ou de uma terceirizada por ela (birô de call center). Antes da existência desses núcleos de atendimento, o consumidor enfrentava algumas dificuldades para efetuar reclamações sobre defeitos ou falta de acessórios descritos na embalagem percebidos somente após a compra, na própria residência. O cliente, em muitos casos, percorria uma verdadeira via-crúcis: voltar ao ponto-de-venda, provar que tinha razão e insistir até obter a troca da mercadoria ou acessório complementar. Desde a introdução do Código de Defesa do Consumidor, no entanto, tudo melhorou. O consumidor nada tem de provar: basta exibir a nota fiscal de compra para a reclamação ser atendida. O ônus da prova cabe ao fabricante ou fornecedor. Embora tenha simplificado a vida do usuário, os problemas relacionados com o desgaste da imagem institucional da empresa, decorrentes de um produto incompleto, acondicionamento ruim ou outros, continuam. É justamente nesse aspecto que o Serviço de Atendimento ao Consumidor, ligado a uma central de atendimento, contribui, diminuindo sensivelmente o impacto negativo desses fatores causado no usuário. Basta um telefonema para o Plantão de Atendimento, uma identificação do produto e do local da compra, e a central providenciará, por exemplo, a entrega, em domicílio, do acessório em questão, acompanhado de um pedido de desculpas e de um brinde extra para compensar o incômodo. Nessa operação, protege-se a imagem da marca e reforça-se a prestação do serviço pós-venda para aquele que escolheu comprar o produto. Além disso, as centrais procuram fidelizar a clientela, pois, após solucionar o problema do usuário, disparam um processo de telemarketing ativo, buscando resgatar a imagem da empresa. O operador verifica se está tudo em ordem e aproveita a ocasião para prestar alguma outra informação útil. A gentileza, a presteza e a eficiência em sanar uma falha acrescentam pontos positivos ao cômputo geral da ocorrência. É importante salientar um último aspecto: o uso da informação obtida nos contatos com o público. Ela deve circular por todas as áreas da empresa. Qualquer alteração ou sugestão de embalagens, antes de ser adotada, é sempre submetida à área de atendimento, num processo de sinergia bem-sucedido.

PASSO A PASSO NO TELEMARKETING RECEPTIVO

O telemarketing receptivo muitas vezes encontra clientes irritados, nervosos e agressivos do outro lado da linha. No entanto, existem alguns fatores que, se bem aplicados, podem facilitar todo o processo de comunicação.

1. Infra-estrutura

O bom atendimento no telemarketing receptivo começa nas instalações e na infra-estrutura técnica indispensável para a qualidade, o conforto e a operacionalidade. Boas condições de trabalho proporcionam boas condições de resposta e atendimento.

2. Pessoal capacitado

A seleção dos atendentes deve ser feita com critérios bem definidos, para que os operadores tenham condições de aproveitar e potencializar ao má-

CALL CENTER: Estratégia para vencer

ximo os cursos e capacitações que farão. Em alguns casos, dependendo do setor de atuação, são necessários conhecimentos especializados, como, por exemplo, de engenharia, química ou mesmo de uma língua estrangeira.

3. Atenção

O script deve contemplar perguntas para descobrir não só problemas, mas também desejos e necessidades do cliente. Saber ouvir com atenção permite descobrir a melhor forma de servir ao consumidor. Para ser realmente interativo, um bom roteiro leva em consideração os tempos certos para falar e ouvir.

4. Superação de expectativas

Fazer sempre mais do que o cliente solicita é o lema de empresas bem-sucedidas. É necessário antecipar-se, antes que o concorrente o faça. Isso é facilitado por sistemas inteligentes e integrados, ligados a um banco de dados apurado e atualizado. Quando o cliente se sente reconhecido, as defesas diminuem e o fluxo de informação torna-se mais natural e positivo.

5. Clima de facilidade

É importante não criar dificuldades, dizer sempre o que é possível fazer — e nunca o que não pode ser realizado. Falar a verdade, perguntar quando estiver em dúvida e não justificar: a ordem é resolver!

6. Confirmação

Esta etapa é muitas vezes esquecida. O problema foi realmente resolvido? O cliente foi atendido? Pendências ou dúvidas funcionam como um inflador de balões e tendem a aumentar o tamanho do descontentamento.

7. Calma

O cliente nem sempre tem razão, mas está sempre em primeiro lugar. Assim, é provável que não admita estar errado (mesmo que esteja), nem tenha equilíbrio para lidar com pendências. De que adianta bater boca nesses casos? Os porta-vozes da empresa – colaboradores em todos os níveis e, principalmente, os operadores de telemarketing – precisam desenvolver a habilidade de nunca discutir ou interromper. Não podem entrar no clima de nervosismo e ansiedade do cliente. Ouvir e demonstrar interesse sinalizam solidariedade. O cliente busca ajuda, portanto... a empresa deve ajudá-lo!

8. Integração

Experiências e dificuldades precisam ser transmitidas ao supervisor. É o trabalho em equipe que produz qualidade e conduz ao sucesso. As experiências são importantes para toda a equipe de atendimento.

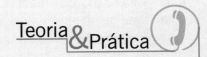

Processo de comunicação

Seja no call center, seja no telemarketing, o processo de comunicação entre atendente e cliente é fundamental. Isso é importante tanto no telemarketing ativo quanto no receptivo, embora cada um deles apresente suas peculiaridades. É necessário estar atento ao fato de que a comunicação verbal e a escrita apresentam características diferentes. Nem tudo que se fala deve ser escrito, nem tudo que se escreve deve ser falado... As mensagens também devem ser adequadas conforme o meio empregado, o público-alvo e vários outros fatores (entre os quais, por exemplo, a existência ou não de ruídos).

Diferenças entre linguagem escrita e oral

Escrever uma história, por mais simples que ela seja, é diferente de contá-la oralmente. Cada uma dessas modalidades de expressão tem suas características, seus fundamentos, suas necessidades e suas realizações. Na língua falada informalmente, como num bate-papo, a mensagem é transmitida de forma imediata. Emissor e receptor estão em contato, conhecem a situação e as circunstâncias que os rodeiam. A mensagem é breve, com entonação, pausa, ritmo e gestos – fatores que enfatizam o significado dos vocábulos e das frases. É possível usar construções simples, com ênfase para orações coordenadas e presença de frases incompletas. Já na língua escrita, a coisa muda de figura. A mensagem é transmitida de forma não-imediata; o receptor não conhece diretamente a situação do emissor e o contexto da mensagem. Em geral, é mais longa do que na língua falada. O emprego dos sinais de pontuação tenta reconstruir alguns elementos da língua falada, como entonação, ritmo e gestos. São utilizadas construções mais complexas, mais elaboradas, com ênfase para orações subordinadas. A mensagem é organizada de forma mais planejada.

Ao dominar a técnica do processo de comunicação, é possível obter scripts melhores, otimizando, também, as formas de atendimento. Um processo de comunicação bem construído e estruturado permitirá à empresa ou instituição otimizar os ganhos com o telemarketing, seja ativo ou receptivo.

Emissor

O emissor, também conhecido como fonte, é o elemento que formula a mensagem, mediante a palavra oral ou escrita, gestos, desenhos etc.

Mensagem

É o que o emissor transmite para o receptor. É preciso que ela tenha conteúdo, objetivos e use canal apropriado.

Código

É um conjunto de sinais estruturados. Quando as pessoas se comunicam, utilizam um código verbal, ou seja, uma língua. Além do código verbal, existem os códigos não-verbais (sinais de trânsito, expressões faciais, gestos etc.). O emissor só atingirá seus objetivos se utilizar um código conhecido pelo receptor. Um brasileiro que só conheça o português não entenderá a mensagem transmitida em alemão ou em francês, por exemplo.

Receptor

Também conhecido como destinatário, receptor é o elemento que interpreta a mensagem transmitida pelo emissor. Pode ser a pessoa que lê, que ouve, um pequeno grupo, um auditório ou uma multidão. É o cliente, o consumidor, o líder de opinião, o público interno ou externo.

Ruído

É tudo que prejudica a transmissão ou decodificação de uma mensagem. São geralmente causas de ruído: má transmissão do emissor, falta de atenção do receptor, conhecimento insatisfatório do código. Uma buzina alta durante um diálogo é um ruído. O uso de uma gíria desconhecida pelo receptor é outro exemplo de ruído.

CALL CENTER: Estratégia para vencer

Canal

É a forma utilizada pela fonte para enviar a mensagem. Internet, telefone e cartas são canais possíveis de uso. Ele deve ser escolhido cuidadosamente, para assegurar a eficiência e o êxito da comunicação.

Conceitos fundamentais

Histórico

Cartas, rádio e imprensa escrita foram os precursores na educação e capacitação a distância. Hoje, a internet é o veículo que reúne uma gama completa de técnicas para a aplicação desses cursos, aliando som, texto, imagens e um serviço on-line de orientação e esclarecimento de dúvidas. Os operadores, nestes casos, são especialistas nos assuntos, treinados para atender às questões mais freqüentes e experts nos procedimentos e técnicas a serem esclarecidos.

Diferenças

Há uma tênue divisão entre ações receptivas e ativas: muitas vezes, um atendimento receptivo inteligente suscitará um atendimento proativo e resultará em ampliação de negócios para a empresa. O objetivo é atender melhor, para fazer melhores negócios.

CAPÍTULO 8

Gestão de qualidade

Neste capítulo serão aprofundados os aspectos relacionados com a gestão de qualidade, que busca não só monitorar e controlar os parâmetros ideais de qualidade nas centrais de atendimento, telemarketing, call ou contact center, mas também construir uma verdadeira cultura de qualidade que, neste caso, se encontra na elaboração e implantação de estratégias para antecipar o surgimento de eventuais problemas. É claro que esta abordagem não implica abandonar modelos de controle, que devem ser realizados de forma integrada pelos vários departamentos. A gestão de Recursos Humanos, por exemplo, destaca-se como elemento fundamental na realização de um projeto de telemarketing, call ou contact center vencedores. O controle de qualidade, no entanto, subordina-se a esta visão macroestratégica de gestão da qualidade, que posiciona a empresa em um degrau de competitividade compatível com uma economia globalizada.

O principal objetivo da gestão de qualidade é buscar a excelência da central de relacionamentos, superando as expectativas do cliente e do mercado. É fundamental, assim, acompanhar a evolução operacional, avaliando e pontuando os vários aspectos analisados no atendimento por meio de laudos individuais. A implantação de programas de capacitação contínuos para atualizar e aperfeiçoar operadores decorre dessas avaliações. Os processos de monitoria de qualidade avaliam aspectos técnicos, instrumentais e humanos para detectar pontos a serem aperfeiçoados.

ASPECTOS TÉCNICOS

- Eficiência das tecnologias e dos equipamentos empregados.
- Capacidade instalada x demanda.
- Redundância de equipamentos para garantir segurança.

ASPECTOS INSTRUMENTAIS

- Características do script.
- Interatividade das telas.
- Ergonomia do ambiente.

ASPECTOS HUMANOS

- Qualidade da comunicação entre operador e cliente (usuário/prospect/consumidor).
- Forma de apresentação (identificação da empresa, produto ou serviço, se for o caso, e do atendente).
- Modo como o operador saúda e se dirige ao cliente.
- Fraseologia.
- Entonação de voz.
- Clareza nas informações e respostas dadas, se elas seguem ou não o padrão.
- Criatividade e flexibilidade para contornar situações não previstas.

CALL CENTER: Estratégia para vencer

- Agilidade para solucionar problemas.
- Tempo médio de atendimento.
- Simpatia ao encerrar a ligação, saudando em nome da empresa.

MODELOS DE SUCESSO

As melhores experiências em gestão da qualidade adotam uma permanente ação de monitoramento da qualidade, permitindo controles e mecanismos de auto-ajuste, necessários para a concretização dos objetivos propostos pelas empresas. É possível, também, analisar os atendimentos on-line e realizar feedbacks sem laudo, apenas com contato pessoal por monitores ou supervisores.

Os relatórios

O uso de ferramentas sistêmicas adequadas no processo possibilita a visualização das operações em escala produtiva. Os relatórios de produtividade, quando desenvolvidos e implementados, não só indicam dados quantitativos, mas também permitem análises qualitativas. Os principais indicadores monitorados encontram-se a seguir.

Indicadores quantitativos

Volume de chamadas atendidas
Número de ligações em que houve uma interação, humana ou por atendimento automático. Estão excluídas aquelas em que, por algum motivo, não ocorreu atendimento (congestionamento no sistema telefônico, demora no atendimento, números inexistentes etc.).

Tempo médio de atendimento
Informa o tempo, em média, de atuação de cada agente ou sistema por chamada. Com esta informação, o administrador do call center observa a taxa de ocupação dos agentes ante a demanda.

Gestão de qualidade

Tempo médio de operação

A operação compreende o ciclo completo, desde o atendimento até a conclusão do processo de documentação ou registro da ação, ou até mesmo ações de back office.

Chamadas em fila

A fila é constituída por chamadas de entrada acima da capacidade de atendimento. Isto ocorre porque o projeto de operação é realizado para evitar ociosidade. Uma pequena fila, bem dimensionada e com tempo controlado, faz parte da estratégia para otimizar a relação custo x benefício.

Chamadas abandonadas

São chamadas recebidas, mas realizadas sem o devido tratamento (demora excessiva na fila, desistência do cliente etc.).

Chamadas efetivas ou oferecidas

Volume total de chamadas realizadas. Inclui também aquelas rejeitadas, abandonadas etc.

Indicadores de desempenho

Tratam do desempenho operacional, o que inclui elementos tecnológicos, estruturais e humanos.

Quantidade de contatos efetivos

Indica o volume de contatos realizados em que o público-alvo definido na campanha foi atingido.

Índice de reversão de contatos

Assinala, entre os contatos efetivos, aqueles em que as propostas da campanha se concretizaram conforme as expectativas.

Vendas por canal

Permite a imediata visualização do desempenho de cada canal, de cada meio utilizado para interagir com o público.

CALL CENTER: Estratégia para vencer

Histórico de contatos

Por campanha

A construção, mensuração e análise dos históricos de campanha são fundamentais para o marketing aprimorar suas estratégias. Os registros podem, inclusive, ser por cliente, alimentando os sistemas para que se possa realizar o CRM.

Vendas por produto

Os relatórios de vendas por produto são alimentados no momento da reversão dos contatos em vendas. É possível, também, cruzar esses dados com o período de vendas.

Desempenho por produto

Indicador de vendas, reclamações, sugestões etc. Os dados podem ser cruzados por áreas e regiões, indicando aumento ou diminuição de participação do produto.

Identificação de oportunidades

O call center ou o contact center permite a visualização imediata de ocorrências, que, se tratadas correta e agilmente, transformam-se em oportunidade de fidelização de clientes ou conquista de novos nichos de mercado.

AVALIAÇÕES SOBRE A CENTRAL

Cabe ao supervisor avaliar os operadores, seja pela escuta das chamadas, pela monitoria ou mesmo pela gravação dos agentes. O sistema de gravação permite avaliar e pontuar de maneira transparente itens imprescindíveis a um projeto. É importante avaliar periodicamente a satisfação dos operadores. Afinal, são eles os responsáveis pelo atendimento das chamadas, são eles o "cartão de visitas" da empresa. Quem está do outro lado da linha deve perceber o brilho, o sorriso na voz dos agentes – portanto, a satisfação e a alegria desses profissionais devem ser constantes, o que implica adotar escalas de revezamento; manter bom clima organizacional; implantar administração

Gestão de qualidade

participativa etc. Se, ao se analisar tais atributos, detecta-se alguma insatisfação, ela necessita ser rapidamente resolvida.

Existe um jeito relativamente simples de testar a eficiência – e a eficácia – dos sistemas de atendimento, tanto em relação à qualidade do pessoal da linha de frente quanto das tecnologias empregadas. É um teste fácil, mas que poucos supervisores, gerentes, diretores ou presidentes aplicam: ligar para o número disponibilizado para a clientela (ou pedir para alguém bem próximo – um amigo, por exemplo – fazê-lo). Ao chamar, é importante colocar-se em diversas situações: reclamando, querendo fechar um negócio, solicitando uma informação. Assim, é possível sentir na própria pele aquilo que os clientes enfrentam.

BENCHMARKET MUNDIAL

Embora no Brasil o CRM, Gerenciamento das Relações com Clientes, esteja nascendo junto com o call center, ao contrário do que ocorre em outros lugares, o país rapidamente se profissionalizou neste setor e apresenta empresas que são benchmarket mundial. Em parte, explica-se a eficiência do modelo brasileiro pela versatilidade que possuem as empresas nacionais, acostumadas a conviver durante anos com inflação alta, economia instável e políticas transitórias. Os profissionais conseguem administrar contingências reciclando antigas soluções para atender a novas necessidades. Os resultados são excepcionais. As filiais brasileiras das maiores empresas internacionais são modelo de atendimento, tudo isso num país onde a integração entre telefonia e computação é ainda pequena – mas onde o Código de Defesa do Consumidor é um dos melhores do mundo e a valorização do talento humano é um fato inequívoco. Uma análise sobre as melhores práticas no mercado americano foi elaborada pela Network Direct e apontou as cinco principais iniciativas para o contact center:

- integração do canal web site ao contact center;
- instalação de software de CRM;
- expansão e retenção da força de trabalho;
- instalação de um software de gerenciamento de e-mail;
- instalação de softwares de monitoração, treinamento e gerenciamento de perguntas e respostas.

São práticas que os contact centers de bom nível adotam com sucesso.

Teoria & Prática

Um gerente de operações comerciais de uma grande empresa disse, com sua experiência de homem prático, uma frase muito importante: "O relacionamento com o cliente quem faz é o vendedor". Parece uma frase provocativa, e é! O grande perigo de uma ferramenta sofisticada é criar uma espécie de fascínio imobilizador. O contact center é uma ferramenta, e como tal deve ser usado. Uma ferramenta é escolhida para determinada tarefa quando a análise do artesão julga que, pelas circunstâncias, ela é a mais indicada. Mas não é a ferramenta que faz a operação, é o operador, assim como não é o bisturi que opera, mas sim o cirurgião. Assim, considerar o contact center uma finalidade em si ou uma espécie de solução para todos os problemas da empresa é um grave erro. Nada substitui o contato pessoal do vendedor, o calor e a circunstância do encontro. Quando uma equipe de vendas julga que o CRM quem faz é o call center da empresa, algo de grave está acontecendo. O relacionamento com os clientes começa e termina no contato pessoal com a equipe de vendas.

CAPÍTULO 9

Roteiro para o sucesso

Você viu, neste livro, alguns tópicos fundamentais para utilizar esta fantástica ferramenta empresarial e mercadológica que é o call ou contact center. Mas qual é o "pulo do gato" que fará de sua organização uma referência para todas as outras? Uma das chaves chama-se "sistematização", ou seja, a capacidade de organizar todos os elementos de forma adequada para servir aos seus interesses, selecionando as etapas necessárias conforme as circunstâncias e descartando aquilo que não é útil. Neste capítulo serão revistos todos os temas anteriormente analisados, de forma sintética, como um roteiro de orientação para que você possa navegar com segurança pelas muitas rotas que a tecnologia oferece. São portos seguros e escalas obrigatórias, que se iniciam na análise da empresa e vão até o monitoramento de resultados.

ANALISANDO A EMPRESA

O contact center ou call center hoje é uma necessidade de sobrevivência. Quem não está em permanente contato com seus clientes abre a possibilidade de que sua concorrência o faça, de maneira mais simples e direta. No entanto, antes de iniciar o processo rumo à implantação de um call center, é importante responder a três perguntas fundamentais:
- A empresa necessita de um call center?
- A empresa se adapta a um call center?
- O call center se adapta à empresa?

As respostas para tais questões são obtidas da análise do cenário em que a organização está imersa e da aplicação de um checklist para refletir sobre alguns pontos fundamentais.

O cenário

As empresas que procuram implantar um programa de telemarketing ativo ou receptivo apresentam algumas necessidades específicas, tais como:
- alavancar negócios de forma eficiente e criativa;
- reduzir custos a médio e longo prazos, aplicando operações mais racionais de venda;
- criar vantagens competitivas baseadas no atendimento e na prestação de serviços aos clientes para gerar satisfação;
- acompanhar (e ultrapassar!) a concorrência, já que ela também se move na direção dos mesmos objetivos.

O checklist

O checklist permite identificar mais claramente quais as verdadeiras necessidades da empresa, direcionando seus esforços de maneira correta, seja para a implantação de um telemarketing ativo, um call center, uma central de relacionamento com o cliente ou uma unidade receptiva de pedidos.

CALL CENTER: Estratégia para vencer

1. Estrutura interna

- Os processos estão informatizados?
- Existe integração nos processos internos e a burocracia é reduzida?
- Os departamentos da empresa comunicam-se entre si?
- Todos os funcionários estão integrados aos processos ou aptos a fazê-lo?
- A empresa investe na capacitação de seus colaboradores?

2. Cultura

- A empresa é aberta a críticas e sugestões?
- Sua cultura, política e missão são flexíveis?

3. Relações com o mercado

- O marketing está voltado para o consumidor?
- A empresa age de forma transparente?
- A empresa está pronta para responder às dúvidas dos consumidores com rapidez e credibilidade?

4. Posicionamento

- A empresa possui recursos para executar o projeto?
- A empresa dispõe de líderes para implantar ou coordenar o projeto?
- O call center será um novo departamento na empresa ou uma operação terceirizada?
- A quem o call center ficará subordinado?
- Que benefícios a empresa pretende obter de um call center?

Só após responder a essas perguntas é que se inicia o processo de identificação dos parceiros, da metodologia e da tecnologia a ser empregada.

PREPARANDO-SE PARA ATUAR

Após detectar, de fato, suas necessidades, a empresa precisará construir seu modelo de atendimento. Isso implica conhecer, muito bem, todos os

Roteiro para o sucesso

componentes do marketing mix e, também, aqueles específicos das estratégias de atendimento – tanto receptivo quanto emissivo. É o momento de definir os objetivos do call center e suas formas de estruturação.

Análise do marketing mix

Conhecendo o produto ou serviço
- O que é oferecido corresponde ao que é prometido?
- Produtos e serviços atendem às expectativas dos clientes?

Conhecendo o público
- Qual o perfil do público (características demográficas e psicossociais)?
- Quem compõe os diversos públicos (influenciador, decisor, comprador, usuário etc.)?
- Quais meios e linguagens provocam maior impacto no público-alvo?

Conhecendo a concorrência
- Quais ações a concorrência adota?
- Quais benefícios e diferenciais oferece?
- Quais seus pontos fortes e fracos?
- Monitore constantemente o atendimento da concorrência, para que o seu call center jamais ofereça um serviço inferior.

Conhecendo a infra-estrutura
- Como o produto ou serviço posiciona-se no mercado (preço e imagem)?
- Como está a demanda? É sazonal?
- Quais as reclamações mais freqüentes?
- Qual o modelo logístico (estoques, entregas e outros) empregado?

Definindo tarefas

Após mapear o cenário de marketing, a empresa pode definir as tarefas que espera serem cumpridas pelo call center, respondendo às seguintes questões:

- Ele será utilizado como um instrumento de telemarketing ativo, operando um cadastro de clientes ou prospects, de modo que gere negócios para a empresa?
- Aplicará também o telemarketing receptivo, dirigido ao departamento de vendas, para receber e processar pedidos?
- Atenderá o consumidor, oferecendo os serviços de SAC, respondendo a dúvidas, reclamações, pedidos de informação etc.?
- Realizará apenas uma dessas tarefas ou todas elas e outras não especificadas aqui, coordenadamente?

Escolhendo o modelo

Nesta etapa, a empresa necessitará escolher se a melhor opção é desenvolver e gerir um call center próprio ou terceirizá-lo. Existem também soluções mistas, em que algumas etapas são terceirizadas e outras não. Também é importante definir critérios para a escolha dos parceiros. A pergunta aqui é: como escolher os parceiros para a adoção das tecnologias mais apropriadas, das soluções de software mais adequadas e da política de gestão do RH capaz de dar conta da operação? Seja ao estruturar um call center in house, seja ao contratar um birô, a empresa precisa ter uma idéia da equipe necessária para atingir os objetivos propostos. Para dimensionar corretamente um call center, além dos fatores já abordados, é preciso responder também a questões bem específicas em relação às metas de atendimento, tais como:

Horário

Sabendo que a carga horária para cada operador é de seis horas, é preciso determinar quantas horas por dia e quantos dias por semana o serviço funcionará, estudando a relação custo x benefício.

Ligações

- Quantas ligações ativas deverão ser feitas?
- Nessas ligações, qual será o índice das tentativas e quanto tempo será nelas despendido?
- Das ligações com sucesso, qual será o tempo médio de duração de cada uma?
- A empresa oferecerá um número 0800 ou não?
- Quais as vantagens e desvantagens de facilitar as chamadas para o projeto específico?

Cobertura

Como será o mapa geográfico das chamadas que a central fará ou receberá? Este fator incidirá também sobre os cálculos de custos da operação.

Cadastro

- O cadastro de pessoas com as quais a central deverá se comunicar foi suficientemente testado e tem qualidade?
- Será necessário despender tempo para trabalhar os cadastros visando mantê-los atualizados de acordo com as metas da 'empresa?

Recursos humanos

Qual o perfil e a capacitação de operadores e outros profissionais?

Tecnologia

- Quais os equipamentos e configurações previstos?
- Como será o front end para atender às expectativas?
- Serão implantados links com outros pontos da empresa (setor logístico, produção, administração etc.)?

Gestão de qualidade

- Quais serão os relatórios de telefonia e os específicos de controle da operação?

- Como se realizará a monitoria de:
  - quantidade de chamadas atendidas;
  - rapidez de atendimento;
  - baixa desistência de clientes em fila;
  - quantidade de vendas fechadas;
  - número de problemas resolvidos etc.

ESTRUTURAÇÃO

A montagem de um call center implica várias etapas que envolvem ações estruturais, físicas, muitas das quais incluem reformas, adaptações ou até mesmo a construção de áreas específicas — sem contar, é claro, a aquisição de equipamentos. No caso de terceirização, essas etapas cabem à empresa contratada e já se encontram disponíveis para uso imediato.

Projeto

- Identificar áreas de aplicação do call center.
- Determinar níveis organizacionais de subordinação do call center.
- Identificar a área física onde o call center será localizado.
- Prever, além da área para a operação de atendimento e super-visão das posições de atendimento, áreas específicas para ge-rência, recrutamento, treinamento, reciclagens, fonoaudiologia, psicologia, além da administração propriamente dita.
- Estudar o layout para melhor aproveitamento físico do espaço, visando manter a qualidade, o bem-estar, as condições ideais de ruído, a climatização, a circulação e a iluminação.

Implantação

- Escolher mobiliário adequado.
- Selecionar equipamentos, softwares e outras tecnologias que se encaixem nos processos e métodos predefinidos na fase do pla-nejamento do projeto.

Roteiro para o sucesso

- Aplicar o plano mais adequado para o cabeamento de toda a área do call center, de modo que facilite a aplicação das unidades funcionais e preveja sua expansão a curto, médio e longo prazos.
- Estruturar a área técnica, o espaço físico que acomodará toda a infra-estrutura tecnológica da operação. Nessa estruturação, considerar a facilidade de manutenção, controle e segurança.
- Preparar a área de retaguarda para geradores de energia elétrica, garantindo o funcionamento da central por um tempo adequado, mesmo quando houver falta de energia da rede pública.

Essa seqüência de passos, que leva ao êxito, é adotada por birôs de sucesso e faz parte da estratégia bem-sucedida de diversas empresas, como é o caso da AES Sul.

Teoria & Prática

A AES Sul, distribuidora de energia elétrica que atua no sul do país, enfrentava um número crescente de chamadas – principalmente em função do novo panorama energético e de sua respectiva crise instalados no Brasil. Embora a distribuidora não tenha nenhuma responsabilidade direta pelo cenário em que se encontra o país, passou a defrontar-se com clientes que, de antemão, se colocavam em posição agressiva e conflitante. Além disso, a solução "in house", até então adotada, não dava mais conta de suprir a demanda de ligações – e os altos índices de espera na linha só contribuíam para deteriorar a imagem da empresa, que, então, optou pela terceirização em um modelo misto. A gestão do call center da AES coube a uma empresa de terceirização de serviços de contact center. Para atender aos 923 mil usuários da distribuidora de energia, ela capacitou 129 operadores em 59 posições de atendimento e implementou estratégias que contemplam ações no âmbito motivacional, comportamental e administrativo. O sistema implantado incluiu, também:

- monitoria da qualidade como diferencial para alcançar as metas traçadas;
- redimensionamento da operação em virtude da detecção de chamadas de entrada perdidas;
- identificação de atalhos de acesso ao sistema de operações, reduzindo o Tempo Médio de Operação (TMO);
- desenvolvimento de ouvidoria para os agentes.

Com esta estratégia, a operadora conseguiu otimizar os indicadores obtidos na operação "in house". É considerada a melhor em qualidade de atendimento, segundo pesquisa realizada pela Abradee (Associação Brasileira dos Distribuidores de Energia Elétrica). Os itens avaliados para constatar a melhoria no atendimento foram:

- facilidade de entrar em contato para obter informações ou serviços;
- rapidez no atendimento ao cliente;
- conhecimento dos funcionários sobre o assunto;
- clareza nas informações prestadas;
- prazos para a realização dos serviços de acordo com as necessidades;
- solução definitiva dos problemas.

A terceirização, neste caso, ampliou os serviços e aumentou a qualidade de atendimento para o público da AES.

O que começa certo dá certo

Outra experiência vitoriosa no comprometimento com o cliente no processo de terceirização é o case premiado do **Delivery Habibs 28 minutos** e do **SAC** da rede **Habib's** de fast food, que adotou o nome sugestivo de **Alô Tia Eda**.

Essas soluções foram implantadas pelo **Voxline Contact Center S/C**, uma das mais novas empresas de contact center do mercado nacional.

A missão era implantar um sistema centralizado de captação de chamadas, convertendo vendas dentro de um mix de cardápio preestabelecido, e enviar o pedido para a loja mais próxima do consumidor de modo que lhe assegurasse a entrega em até 28 minutos, a partir do fechamento do pedido – isso em quase todo o território nacional, cobrindo 200 lojas.

Foram definidas algumas métricas de atendimento nas quais durante a semana o nível de serviço deveria ser 90/10 e, nos finais de semana e feriados, 80/20.

O perfil dos agentes deveria contemplar a capacidade de atendimento a todas as regiões brasileiras, onde não só existem fatores culturais diferentes, como a própria estrutura das cidades se apresenta de forma bastante diversificada.

A solução da tecnologia foi interligar cada uma das lojas com a central de atendimento, usando LPs dedicadas – que são canais multimídia ligando uma ponta à outra da operação – ou satélite para a transmissão de dados e de voz. Isso permitiu aos agentes visualizar o estoque de cada loja em tempo real, para evitar a venda de produtos em falta momentânea em determinada loja. Ao mesmo tempo, possibilitou o envio em até três segundos, para qualquer parte do país, das "comandas" de pedidos para a cozinha, para a copa e para o caixa, completando o processo.

CALL CENTER: Estratégia para vencer

Para assegurar o atendimento em 28 minutos, optou-se por amarrar, pelo sistema de CEP Range, os endereços dos consumidores cadastrados à loja mais próxima. Assim, um mesmo cliente pode ter cadastrado mais de um endereço e ser atendido sempre dentro do prazo.

O treinamento e a capacitação dos agentes são especializados, com técnicas de vendas, produtos, mix de cardápio, topologia das cidades e noções de geoprocessamento.

O Voxline investiu uma grande soma de recursos para montar um departamento de geoprocessamento, que digitalizou as cidades brasileiras num sistema de mapeamento dinâmico.

Hoje a operação consigna cerca de quatro milhões de pedidos por ano, atendendo a cerca de seis milhões de ligações, havendo também a opção de fazer o pedido pela internet com o mesmo conceito.

O front end de atendimento foi desenvolvido exclusivamente para essa operação pela Plusoft, que competentemente vem produzindo melhorias permanentes na ferramenta que possibilita ao agente a construção do histórico de cada cliente.

Já para o SAC foram designados 34 agentes com treinamento especializado não só para atender às ocorrências geradas pela operação do Delivery, mas também para dar suporte aos consumidores das mais de 250 lojas em todo o país.

O SAC tem um índice de 96% de solução na primeira chamada e trata, a partir do seu backoffice, das questões com desdobramentos mais específicos, tendo acesso direto à Cozinha Central, ao Treinamento, à Gerência de Operações e ao Financeiro da Rede Habib's. Responde diretamente ao presidente do Habib's.

CAPÍTULO 10

Algumas observações para a administração de um contact center

Trinta meses depois da segunda edição deste livro, julguei interessante acrescentar um capítulo para tratar da administração de um birô de terceirização dos serviços de contact center.
Sem a pretensão de ditar normas, quero enfatizar que existem três fatores internos e três externos cujo controle implica o sucesso ou o fracasso da administração de uma empresa prestadora de serviços deste setor.
Os internos são: gestão dos custos da infra-estrutura, gestão dos custos de tecnologia e gestão dos custos do RH.
Os externos são: construção de diferenciais reais de mercado, controle da concorrência e qualificação das vendas.

A gestão da mão-de-obra, com uma filosofia voltada para a formação e o aperfeiçoamento constantes, é, para um mercado novo como o nosso, um fator decisivo de sucesso.

O desafio a ser vencido é o de eliminar todas as formas de gestão que possam gerar maior turn-over, buscando fixar na empresa a maior quantidade de pessoas possível. Para isso, é preciso criar estímulos e implantar uma gestão colaborativa e participativa.

É preciso criar o valor do agente. Quanto vale um bom agente, capacitado, motivado, bem treinado e conhecedor de todos os processos? A equação poderia ser a seguinte: o valor do agente é medido pela quantidade de chamadas atendidas com qualidade em relação às horas de trabalho. A chamada de qualidade é aquela que atende às medidas de postura, precisão e obedece às métricas clássicas do atendimento, produzindo solução ou encantamento.

A gestão dos processos é outro grande diferencial para uma gestão de sucesso. É preciso distinguir claramente o projeto técnico de uma central do projeto comercial. Este deve levar em conta as soluções, colocando-as num panorama tridimensional. O que é a central hoje, o que pode agregar ao valor do negócio da empresa, como pode trazer mais receita ou melhorar a receita otimizada e, finalmente, como pode ajudar a construir e ampliar o valor da marca da empresa.

O projeto técnico terá como missão viabilizar os objetivos do projeto comercial, em curto, médio e longo prazos.

A qualidade deve ser uma meta absolutamente geral e indispensável. Não uma qualidade por aproximação, mas a qualidade total. Ninguém elogia 99% de qualidade. Só deve interessar a todos 100% dela.

PARA DEPOIS DA LEITURA

A cada dia que passa, o papel das centrais de relacionamento com o cliente torna-se decisivo para o sucesso de um empreendimento. A sociedade hoje lê mais, informa-se com mais qualidade, as notícias circulam com maior velocidade, os índices de tiragem dos jornais e revistas aumentaram significativamente nos últimos dez anos, a quantidade de veículos de comunicação triplicou. As empresas, o governo e a população como um todo têm hoje pontos de contatos nunca antes imaginados. Boas ou más, certas ou erradas, mobilizadoras ou simplesmente passivas, as opiniões atualmente formam uma grande e inédita visão de mundo, que antes se restringia aos letrados e sábios. Nos próximos dois anos, serão geradas mais informações do que nos últimos dez mil anos. Relacionar-se, satisfazer às expectativas, interagir: essas são as tarefas inadiáveis das organizações na sociedade moderna. O contact center caminha para unificar as atividades, que didaticamente são chamadas de ativas e receptivas, em um só sistema muito mais complexo e completo – o relacionamento colaborativo. Nele é possível não só atender a uma solicitação, mas antecipar problemas, soluções, negócios e satisfação.

Se para isso a tecnologia tem contribuído decisivamente, a melhoria da qualificação das pessoas também tem sido determinante. Ser bem informado, neste contexto, é fundamental – mas fazer que tais informações gerem ações de modo que melhore a qualidade dos acontecimentos é a missão que ultrapassa e se perpetua além da novidade dos brinquedos tecnológicos e que exige uma postura ética. Essa é uma postura que o birô deve praticar como compromisso, juntamente com seus clientes, pois sem ética em pouco tempo a organização perde a credibilidade, destruindo uma imagem construída com trabalho árduo e dedicação.

DICIONÁRIO DE ÉTICA

AUTORIZAÇÃO: Antes de colocar mensagens gravadas, o operador precisa pedir autorização. Só não é necessário no caso de campanhas de utilidade pública (saúde, energia, transporte etc.).

BENEFÍCIOS: A mensagem necessita ser clara, assegurando que o cliente entenda perfeitamente direitos e deveres, tais como ofertas e outros compromissos.

CREDIBILIDADE: Toda documentação envolvida na transação por meio do telemarketing deve trazer endereço, telefone, fax, e-mail ou outras formas de contato, possibilitando ao cliente obter informações adicionais, reclamar, cancelar compras ou devolver produtos.

CUSTOS: É dever da empresa esclarecer todos os custos envolvidos no processo de venda, antes do fechamento do negócio. Isso inclui informar ao cliente preço total (a vista e a prazo), formas de pagamento, despesas extras (fretes, seguro, impostos etc.).

DEMANDA: É necessário projetar sistemas de atendimento (principalmente linhas telefônicas) que comportem a demanda de contatos esperada.

ESCUTA: Nenhuma gravação telefônica pode ser feita sem autorização do cliente, a não ser aquelas cujo único objetivo é capacitar os atendentes ou as efetuadas para garantir a integridade de contratos e evitar demandas judiciais no futuro.

FORMALIDADES: O contrato deve ser minucioso e específico, especialmente aqueles que se referem ao uso de banco de dados de terceiros.

GARANTIAS: A empresa é obrigada a respeitar o Código de Defesa do Consumidor, garantindo troca, direito de devolução do produto (com restituição do dinheiro pago) e outras formas de ressarcimento no caso de o cliente encontrar falhas ou de o contrato ser descumprido.

HORÁRIOS: Efetuar as ligações em horários que minimizem a invasão de privacidade. Recomenda-se disparar as chamadas entre 8h e 21h30. Aos sábados, respeitar o horário das 9h às 18h. Nos domingos e feriados, evita-se realizar ligações. Fora desses horários, somente com autorização ou quando o cliente solicitar.

IDENTIFICAÇÃO: Operador, empresa e objetivo da ligação devem ser claramente especificados no início do contato.

LINHAS: Utilizar somente equipamentos de discagem automática que liberem a linha logo após o cliente desligar.

MAILING: Qualquer pessoa pode solicitar, sempre que o desejar, a retirada de seu nome do mailing, e a empresa é obrigada a fazê-lo.

OBRIGAÇÃO: Tudo que é anunciado incorpora-se, automaticamente, ao contrato, e a empresa é obrigada a cumprir o que oferece.

CALL CENTER: Estratégia para vencer

PROIBIDO: É vedada a venda de produtos ou serviços pelo telemarketing a menores de idade.

QUESTIONAMENTO: Todos os escalões da empresa necessitam estar preparados para responder a quaisquer dúvidas e prestar os esclarecimentos necessários para o público, evitando o tão famoso "jogo de empurra", que prejudica a imagem institucional.

RELACIONAMENTO: Manter um relacionamento construtivo com todo o mercado é fundamental. Jamais citar negativamente empresas, produtos e serviços concorrentes.

SEGURANÇA: Qualquer benefício, diferencial ou vantagem apregoados pela empresa devem ser comprovados, caso solicitado.

TEMPO: Prazos de entrega, validade para uso de produtos, tempo de garantia, prazos e outros devem ser rigorosamente respeitados.

ULTIMATO: Muitas vezes, empresas agem de forma antiética, principalmente em relação a cobranças e inadimplência. Pressionar o cliente, dar ultimatos pelo call center, só prejudica as relações entre organizações e sociedade. As estratégias de telemarketing ativo devem ser utilizadas com sabedoria, para que alcancem bons resultados.

VALOR: É o quanto o mercado, o cliente ou usuário está disposto a pagar por um produto ou serviço. Relaciona-se diretamente com o posicionamento, com o nicho de mercado conquistado, e é diferente de custo e preço. O call center agrega valor à marca.

X, RAIOS: O emprego do call center permite obter verdadeiros raios X do mercado, do público-alvo. No entanto, as informações obtidas necessitam ser monitoradas e empregadas respeitando o sigilo e a privacidade dos indivíduos.

ZEBRA: Nem sempre tudo acontece conforme o planejado: às vezes, ocorre alguma "zebra". Atrasos, cancelamentos e outros imprevistos devem ser imediatamente comunicados ao cliente. Para evitar zebras, entre em contato com Voxline Contact Center.

Fonte: Associação Brasileira de Telemarketing
http://www.abt.org.br/apre.htm

REFERÊNCIAS BIBLIOGRÁFICAS

BACON, Mark S. *Marketing direto: faça você mesmo.* São Paulo: Atlas, 1994.

BIRD, Drayton. *Bom senso em marketing direto.* São Paulo: Makron Books, 2000.

BLY, Robert. *Como fazer marketing direto em business to business.* São Paulo: Makron Books, 1995.

CARPENTER, Edmund; MCLUHAN, Marshall. *Revolução na comunicação.* Rio de Janeiro: Zahar, 1971.

CONSUMIDOR Moderno, São Paulo: Padrão, n. 45, 2000.

CORDEIRO, Denise Maria; GOVEA, Claudio. *Dez anos de marketing direto no Brasil.* São Paulo: Makron Books, 1997.

GELLER, Lois. *Respostas rápidas em marketing direto.* São Paulo: Campus, 1998.

GOSDEN, Freeman F. *Marketing direto que realmente funciona.* São Paulo: Makron Books, 1991.

JONES, Susan K.; JONES, Arthur J. *Estratégia criativa em marketing direto.* São Paulo: Makron Books, 1993.

KOB, Jim. *Do marketing direto ao database market.* São Paulo: Makron, 1993.

MAC ADDEN, Daniel Oscar. *Marketing direto para o varejo.* São Paulo: Saraiva, 1996.

MATOZO, Luciano. *Call center: modismo ou realidade?* Rio de Janeiro: Record, 2000.

REITMAN, Jerry I. (org.). *Além do ano 2000: o futuro do marketing direto.* São Paulo: Nobel, 1996.

STONE, Bob. *Histórias de sucesso.* São Paulo: Makron Books, 1996.

_____. *Marketing direto.* São Paulo: Nobel, 2000.

STONE, Bob; WYMAN, John. *A bíblia do telemarketing.* São Paulo: Nobel, 1982.

WITEK, John. *Marketing direto na televisão.* São Paulo: Makron Books, 1994.

Sites consultados

www. abt.org.br

www.callcenter.inf.br

www.consumidormoderno.com.br

Agradecemos também a colaboração de:

Ericsson Enterprise, Informação e Tecnologia.

IBM do Brasil

Avaya

Wittel

Voxline Contact Center S/C e os seus departamentos de RH, Treinamento, Tecnologia e Operações.

------ dobre aqui ------

Carta-
resposta
2146/83/DR/SPM
Summus Editorial Ltda.
CORREIOS

CARTA-RESPOSTA
NÃO É NECESSÁRIO SELAR

O SELO SERÁ PAGO POR

AC AVENIDA DUQUE DE CAXIAS
01214-999 São Paulo/SP

------ dobre aqui ------

CALL CENTER

summus editorial
CADASTRO PARA MALA DIRETA
**Recorte ou reproduza esta ficha de cadastro, envie completamente preenchida por correio ou fax,
e receba informações atualizadas sobre nossos livros.**

Nome:_____ Empresa:_____

Endereço: ☐ Res. ☐ Coml. _____ Bairro:_____

CEP:_____-_____ Cidade:_____ Estado:_____ Tel.: (____)_____

Fax: (____)_____ E-mail:_____ Data de nascimento:_____

Profissão:_____ Professor? ☐ Sim ☐ Não Disciplina:_____

1. Você compra livros:

☐ Livrarias   ☐ Feiras

☐ Telefone   ☐ Correios

☐ Internet   ☐ Outros. Especificar:_____

2. Onde você comprou este livro?

_____

3. Você busca informações para adquirir livros:

☐ Jornais   ☐ Amigos

☐ Revistas   ☐ Internet

☐ Professores   ☐ Outros. Especificar:_____

4. Áreas de interesse:

☐ Educação   ☐ Administração, RH

☐ Psicologia   ☐ Comunicação

☐ Corpo, Movimento, Saúde   ☐ Literatura, Poesia, Ensaios

☐ Comportamento   ☐ Viagens, Hobby, Lazer

☐ PNL

5. Nestas áreas, alguma sugestão para novos títulos?

_____

6. Gostaria de receber o catálogo da editora? ☐ Sim ☐ Não

7. Gostaria de receber o Informativo Summus? ☐ Sim ☐ Não

Indique um amigo que gostaria de receber a nossa mala direta

Nome:_____ Empresa:_____

Endereço: ☐ Res. ☐ Coml. _____ Bairro:_____

CEP:_____-_____ Cidade:_____ Estado:_____ Tel.: (____)_____

Fax: (____)_____ E-mail:_____ Data de nascimento:_____

Profissão:_____ Professor? ☐ Sim ☐ Não Disciplina:_____

summus editorial
Rua Itapicuru, 613 – 7º andar 05006-000 São Paulo - SP Brasil Tel.: (11) 3872 3322 Fax: (11) 3872 7476
Internet: http://www.summus.com.br   e-mail: summus@summus.com.br

cole aqui